事業者必携

インボイス制度、フリーランス新法対応！

小さな事業者

【個人事業主・小規模企業】のための

法律と税金

実務マニュアル

弁護士　　　　　公認会計士・税理士

木島 康雄　　武田 守 ［監修］

三修社

はじめに

　業務委託契約とは、使用者と労働者という雇用関係を結ぶことなく「業務の完遂」を目的として交わす契約です。業務委託の最大の特徴は、業務を依頼する者と引き受ける者が「対等」の立場であることです。

　法律上、業務委託契約には請負契約となる場合と準委任契約となる場合があります。請負契約では、請負人は、仕事を完成させる義務を負うのみで、原則として仕事の完成を他人に行わせることができます。なお、業務委託の中には、企業と雇用関係を持たずに、請負契約や準委任契約などを結んで働くフリーランス（個人請負）も含まれます。最近では、副業・兼業という形でフリーランスとして働く人もいます。さらに、コンプライアンス（法令遵守）が重視されるビジネスの現場では、特に他の企業との取引にあたって、各企業は下請法を理解した上で活動することも求められています。

　本書は、個人で事業を行う、あるいはこれから行おうと考えている方々を対象にした入門書です。請負や業務委託などの契約の基本知識や大企業と取引をした中小企業や個人事業者が不当な要求をされることを防ぐ目的で制定された下請法の知識、売掛金など、取引先の不払いに対抗するための債権回収の知識などを解説しています。

　また、個人開業をするための各種の届出、青色申告、電子帳簿保存法に基づく帳簿の知識、インボイス制度などの税務の知識、さらに、請求書、領収書の知識や管理・運用方法まで解説しています。令和5年に成立したフリーランス新法などの最新の法改正にも対応しています。

　本書をご活用いただき、皆様のお役に立てていただければ監修者として幸いです。

監修者　弁護士　　木島　康雄

公認会計士・税理士　　武田　守

Contents

第3章　取引先の不払いに対抗する法的手段

第4章　開業する際の届出と青色申告の基本

第7章　請求書・領収書作成の基本と管理の知識

第1章

請負・業務委託・副業と契約の知識

1 業務委託契約の類型である請負と委任とはどう違うのか

仕事の完成を目的としているかどうかがポイント

■業務委託契約はその内容によって請負または準委任に該当する

　ある業務を外部の企業や個人に外注（アウトソーシング）する場合は、外注先の企業または個人との間で業務委託契約を結ぶことが一般的です。業務委託契約は、その対象とする業務の性質によって、民法における「請負」契約に該当する場合と、「準委任」契約に該当する場合とがありますが、両者は法的な効果が異なるため、その点を知っておく必要があります。

　請負とは、請負人が仕事を完成することを約束し、注文者が仕事の結果に対して報酬を支払うことを約束する契約です（民法632条）。請負契約における請負人は、仕事を完成させる義務を負い、注文者はそれに対して対価を支払います。つまり、請負人は仕事を完成させるまでは報酬を得ることができないのです。一方、準委任とは、委任者が受任者に対し、法律行為以外の事務（業務）の遂行を委託する契約です（民法656条）。準委任契約においては、請負契約のような仕事の完成というものは観念できず、受任者は一定の業務を遂行すればよく、委任者は業務の遂行自体に対価を支払います。つまり、受任者は契約で定められた一定の業務を遂行しさえすれば、仕事が完成していなくても報酬を得ることができます。

　このように、請負と準委任とは、仕事を完成させることを目的とするのか、単に委託された業務を遂行するのかという点という点が大きな違いです。ただし、準委任の場合でも、受任者の業務の遂行により得られる成果物の引渡しに対し、委任者が報酬を支払うことを約束することもできます。

業務委託契約が請負と準委任のどちらの性質の業務を内容としているかは、契約の具体的な内容によって判断することになります。請負か準委任かによって、契約内容の有利・不利が一概に決まるわけでもありません。

　たとえば、「あるパンを売ること」を内容とする業務委託契約を締結したケースで考えてみましょう。この契約の詳細として「受託者はパンを100個売ることとする」と定められた場合、100個のパンを売るという「仕事の完成」を内容とするものであることから、請負契約であるということになります。そのため、受託者（請負人）は、指定されたパンを100個売るまでは報酬の支払いを受けることができません。これに対し、契約の詳細として「受託者は○月○日から○月×日までの３日間、朝９時から夕方６時までパンを売る」と定められた場合は、指定された３日間においてパンを売るという「業務の遂行」が目的とされていることから、準委任契約であるということになります。準委任契約では仕事の完成という概念はないことから、受託者（受任者）はパンを何個売ろうが、契約で決められた報酬の支払いを受けることができます。

　請負における請負人は、仕事の完成について責任を負います。もし、納品した仕事の目的物に欠陥があれば、欠陥を修繕したり、代金の減

■ **請負契約のしくみ** ……………………………………………………

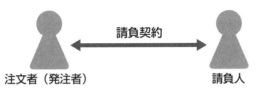

注文者（発注者）　　　　　　　　請負人

Point
・請負人は仕事を完成させる責任を負う。
・注文者は仕事の完成に対して対価を支払う。

額に応じたり、場合によっては損害賠償責任を負います（契約不適合責任または担保責任といいます）。

　他方、準委任における受任者は、事務の遂行について責任を負います。受任者は、契約の趣旨に沿って、善良な管理者の注意をもって、受任した事務を遂行する責任を負います（善管注意義務といいます）。受任者が注意を怠ったことにより、委任者に損害が生じたときは、損害賠償責任を負います。

■ 請負か準委任かの見分け方

　業務委託契約という名称は、法律上の定義があるわけではありませんが、一般的にはよく使用されています。前述したように、業務委託契約については、請負の法的性質を持つ場合と、準委任の法的性質を持つ場合がありますが、ここでは、それらの区別のポイントを見ていきます。

① 対象となる業務

　請負の目的は「仕事の完成」です。仕事が完成（終了）した時点で、通常は何らかの成果物が生み出されるため、請負であれば契約書に成果物の記載がされているのが一般的です。また、依頼主（注文者）の側で設計や仕様の方法などを定めて依頼することもあります。

　なお、請負においては、仕事を完成させることができればよいことから、原則として下請（再委託）をすることが可能です。ただし、個

■ **準委任契約のしくみ** ……………………………………………………

準委任契約

● 受任者は委託された業務を遂行する責任を負う。
● 委任者は業務の遂行自体に対価を支払う。

人に対する業務委託契約においては、委託者（注文者）は受託者（請負人）である「その人」以外が仕事を完成させることを想定していないことが一般的ですので、下請（再委託）が禁止されていることが多いです。

　他方、準委任の目的は「業務の遂行」ですから、契約書には、遂行すべき業務の具体的な内容が記載されることになります。

② 　委託された業務に対する義務

　請負の場合は、仕事の完成が目的となるため、契約目的に照らして欠陥のない物品などを製作・納品する義務を負うことになります。

　他方、準委任の場合は、このような欠陥のない物品などを製作・納品する義務を負わず、善良なる管理者の注意義務に従って、できる限り契約目的に合致した業務を遂行する義務を負うことになります。

③ 　納期や契約期間

　請負の場合は、仕事の目的物である成果物を依頼主（注文者）に引き渡すことによって仕事が完成（終了）するため、契約で納期を定めることになります。

　他方、準委任の場合は、業務を遂行する期間（契約期間）を定めることになります。

④ 　報酬の定め方

　請負の場合は、一般的に、完成した成果物につき「１つにつき○○円」「総額○○円」といった定め方がされることが多いです。なお、請負においては、仕事が完成しないと報酬請求権は生じないことになります。

　他方、準委任の場合は、業務ごとに報酬を定めたり、業務の遂行により生じた成果物に対して報酬を定めたりするのが一般的ですが、業務に要した時間に応じて報酬を定める場合もあります。

2 フリーランスのメリット・デメリット

業務量にあわせた人材の確保ができる

■ フリーランスとして働くことのメリット

　フリーランスとは、企業と雇用関係を持たずに、請負契約や準委任契約などを結んで働くことです。フリーランスのような個人請負の形態は以前から、大工、タクシー運転手、保険外交員、編集者、ライターなどの職種に見られました。近年では、プログラマーやWebデザイナーなどIT関連の職種でも多く見られます。

　このようなスタイルの働き方は、働き手にとっても、企業にとっても一定のメリットがあります。働き手としては、労働時間に縛られず自分のペースで働けることや、企業という枠組みを超えて一定のプロジェクトごとに集まり仕事ができるといったメリットがあります。これに対し、企業としては、専門的な知識・技術をもった外部の人材を活用できることや、人件費の削減につながる、業務量にあわせた規模の人材の確保ができる、といったメリットがあります。

　フリーランスは個人事業主とみなされるので、労働関係の法令（労働基準法、最低賃金法、労災保険法など）の適用を受けません。労働関係の法令では、賃金の最低水準、労働時間の規制、労災保険の給付などによる労働者保護を定めていますが、労働者ではない個人事業主は対象外です。そのため、業務内容や報酬などは、双方の合意で自由に決定できます。完全出来高払いや歩合制など成果重視の報酬形態も可能です。また、労働者ではないという点から、企業としては、社会保険加入や福利厚生の提供などのコストの削減が期待できます。

　働き手にとっては、子育てや介護をしながら空き時間を活用して就業する、専門性を生かして複数の会社から業務を請け負う、といった

自由なスタイルで働けることがメリットになります。

■ フリーランスとして働く場合のデメリット

　フリーランスとして働くことにはデメリットもあります。フリーランスは、法律上は企業と対等の関係にある「事業主」ということになるので、雇用保険や労災保険は適用されないため、これらに基づく給付が得られず、また、最低賃金の保障もありません。なお、労災保険については特別加入の対象者（個人タクシー業者、個人配送業者、大工など）であれば、任意に加入することで、業務上のケガなどの場合に労災保険の給付を受けることが可能です。令和３年度以降、芸能従事者、アニメーション制作従事者、柔道整復師が特別加入の対象者として追加されています。

　フリーランスは、取引先の企業の職場を業務を遂行する場所として指定され、取引先の担当者の指揮命令下に置かれるという、実質的に普通の労働者である会社員と変わらない形態で働くケースもあります。高度な専門性があるフリーランスの場合には高収入を得ることができますが、労災保険や雇用保険の保険料の負担を逃れるためにフリーランスを利用する企業も存在するのが現状です（発覚すると保険料の追徴を受けることがあります）。

■ トラブルを避けるためには

　企業にとっては、フリーランスを適切に活用すれば、自社で従業員を雇用するよりも少ない費用で、必要なスキルや専門性を持っている人材を、必要な時にだけ、また必要な人数だけ確保することが可能になるという点が大きな利点です。

　しかし、フリーランスの活用を「安くて手軽な手段だから」と安易に考えて、フリーランスに依頼する業務の内容や契約内容の詳細を明確にしておかないと、報酬の計算方法や業務の遂行方法などについて

予期せぬトラブルが起きてしまう可能性があります。フリーランスを活用する際には、このようなトラブルを防ぐため、契約書や業務依頼書などの形式によって契約内容を明確にしておくことが重要となります。

なお、このようなフリーランスの利用に関するトラブルを避けるために、厚生労働省は、平成30年2月、特に自営型テレワーカーの募集や契約、報酬などについて最低限のルールを定めたガイドラインとして「自営型テレワークの適正な実施のためのガイドライン」を策定しています。また、次のテーマで解説していますが、フリーランスの人の働き方の環境を整備してフリーランスを保護する法律として、令和5年4月に、「特定受託事業者に係る取引の適正化等に関する法律（フリーランス・事業者間取引適正化等法）」が成立しました。

フリーランスの経験やスキルについては基本的に自己申告によるものであることから、フリーランスを活用したい企業としてはそのフリーランスの能力を十分に見極めることが困難である場合もあり、均質な業務遂行のクオリティを確保することが難しいといえます。そのため、企業側としては、依頼しようとしている業務について十分な適正やスキルが備わったフリーランスを見極めて、業務を依頼することも重要です。

■ フリーランスのメリット ···

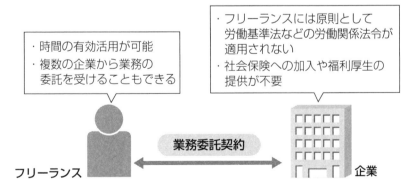

・フリーランスには原則として
労働基準法などの労働関係法令が
適用されない
・社会保険への加入や福利厚生の
提供が不要

・時間の有効活用が可能
・複数の企業から業務の
委託を受けることもできる

業務委託契約

フリーランス　　　　　　　　　　　　　　　企業

3 フリーランス新法について知っておこう

フリーランスを保護するための法律であり、禁止行為には罰則がある

■ どんな法律なのか

近年、働き方は多様化し、特定の企業や組織に属しない、独立した形態で、専門知識やスキルを提供し、報酬を得るフリーランス（個人事業者）として仕事をする人が増えています。

しかし、フリーランスについては、クライアントとの関係でいえば、立場が圧倒的に弱い者が多く、「約束した条件を正当な理由もなく変更された」「過酷な条件を飲まなければ仕事を継続してもらえない」など、さまざまな問題を抱える者も多いのが実情です。

そのため、従来からフリーランスを保護する必要性も提唱されていましたが、働き方が多岐にわたることなどから実態が把握しにくく、なかなか法整備が追いつかない状態が続いてきました。

このような現状を踏まえ、フリーランスという多様な働き方を考慮し、個人が事業者として受託した業務に安定的に従事することができる環境を整備するため、令和5年（2023年）4月28日に「特定受託事業者に係る取引の適正化等に関する法律」（フリーランス・事業者間取引適正化等法）が成立しました。

「フリーランス・事業者間取引適正化等法」（以下、「新法」といいます）は、フリーランスと事業者間の取引トラブルを防ぎ、フリーランスにとっての働きやすい環境を整備することを主な目的としています。

たとえば、後述するように、フリーランス（新法では「特定受託事業者」といいます）に業務委託をする事業者には、特定受託事業者への報酬などの契約内容その他の事項の明示を義務付けるなどの措置を講じる必要があります。

なお、新法の施行は、公布の日から起算して1年6か月を超えない範囲内において政令で定める日となっています。令和6年（2024年）中には施行される見通しです。

■ 対象となる当事者や取引について

　まず基本となる法律上の用語を簡単に確認しておきましょう。

　新法は、フリーランスのことを「特定受託事業者」と呼んでいます。「特定受託事業者」とは、業務委託の相手方（業務を委託される者）である事業者のうち、①個人であって、従業員を使用しないもの、または②法人であって、代表者以外に他の役員（理事、取締役、執行役、業務を執行する社員、監事、監査役など）がなく、かつ、従業員を使用しないもののことをいいます。

　「特定受託業務従事者」とは、特定受託事業者である個人及び特定受託事業者である法人の代表者のことです。

　また、新法における「業務委託」とは、①事業者がその事業のために他の事業者に物品の製造（加工を含みます）または情報成果物（ⓐプログラム、ⓑ映画、放送番組その他映像または音声その他の音響により構成されるもの、ⓒ文字、図形もしくは記号もしくはこれらの結合またはこれらと色彩との結合により構成されるもの、ⓓその他これらに類するもので政令で定めるものをいいます）の作成を委託すること、または、②事業者がその事業のために他の事業者に役務の提供を委託すること（他の事業者をして自らに役務の提供をさせることを含みます）をいいます。

　「特定業務委託事業者」とは、特定受託事業者に業務委託をする事業者のうち、①個人であって、従業員を使用するもの、または②法人であって、2人以上の役員があり、または従業員を使用するものをいいます。そのため、たとえば、従業員を雇っておらず、かつ2人以上の役員がいない会社の社長がフリーランスに業務を委託する場合はこ

の法律の対象にはなりません。なお、「従業員」には、短時間・短期間等の一時的に雇用される者は含まないとされています。

■ 契約条件の明示が義務化された

　契約条件を明確にしないまま業務を依頼することは危険なことです。無用なトラブルを防止するためにも、発注者は、依頼する業務内容を当事者双方がすぐに確認できるように、記録として残すことが大切です。そこで、特定受託事業者に対し業務委託をした場合は、特定受託事業者の業務委託の内容や報酬額などを契約書、発注書、電子メールなどの書面または電磁的方法により明示しなければなりません。

　なお、フリーランス（特定受託事業者）間の取引のように、従業員を使用していない事業者が特定受託事業者に対し業務委託をする場合であっても契約条件の明示は必要になります。

　また、報酬の支払いについてもルールがあり、特定受託事業者の給付を受領した日から60日以内の報酬支払期日を設定し、支払わなければなりません。再委託の場合には、発注元から支払いを受ける期日から30日以内となっています。

■ 禁止される行為と罰則

　特定受託事業者との継続的な業務委託（政令で定める期間以上のもの）については、以下の①～⑤の行為をすることが法律上禁止されています。また、⑥・⑦の行為によって特定受託事業者の利益を不当に害してはならないものと規定しています。

---

　①　特定受託事業者の責めに帰すべき事由なく受領を拒否すること
　②　特定受託事業者の責めに帰すべき事由なく報酬を減額すること
　③　特定受託事業者の責めに帰すべき事由なく返品を行うこと
　④　通常相場に比べ著しく低い報酬の額を不当に定めること

---

⑤　正当な理由なく自己の指定する物の購入・役務の利用を強制
　すること
⑥　自己のために金銭、役務その他の経済上の利益を提供させる
　こと
⑦　特定受託事業者の責めに帰すべき事由なく内容を変更させ、
　またはやり直させること

　つまり、正当な理由のない、ⓐ受領拒否、ⓑ報酬減額、ⓒ返品、ⓓ
買いたたき、ⓔ金銭・役務などの利益提供の強要、ⓕ不当な変更・や
り直しの強要などが禁止行為となります。

　公正取引委員会、中小企業庁長官または厚生労働大臣は、上記の禁
止行為に違反した事業者等の公表や、違反行為について助言、指導、
報告徴収・立入検査、勧告、公表、命令などをすることができます。
命令違反や検査拒否等に対しては、50万円以下の罰金に処する場合も
あります。

■特定受託業務従事者の就業環境の整備についての規制

　この他、以下の行為についても規制されています。

・募集広告についての規制

　募集広告を掲載するときは、虚偽の表示等をしてはならず、正確か
つ最新の内容に保つことが必要となります。

　たとえば、「クラウドソーシング」などのマッチングプラットフォー
ムなどにフリーランスの求人を出す時は、正しい情報を表示しなけれ
ば、虚偽の表示にあたる可能性があります。募集内容と実際に依頼す
る業務の条件が異なる場合、事業者は募集内容と業務内容が異なる理
由を説明する義務があります。

・育児介護等への配慮

　フリーランスは雇用されているわけではありませんから、妊娠出産

や親の介護等の事情があったとしても、納品日を延期してもらったり、一定期間だけ休業して、その期間だけ他の人に代わってもらうということが難しいといえます。

そこで、発注者側（特定業務委託事業者）は、「（政令で定める期間以上の）継続的業務委託」の契約があるフリーランスについては、フリーランス側からの申し出があった場合には、特定受託事業者が育児介護等と両立して業務委託に関する業務を行うことができるように、フリーランスからの申し出に応じて業務スケジュールや納品日を調整したり、リモートでの打ち合わせを可能にするなどの必要な配慮をしなければなりません。

・ハラスメント対策

発注者側（特定業務委託事業者）は、フリーランス（特定受託業務

■ フリーランス・事業者間取引適正化等法の概要 ·····················

正式名称	特定受託事業者に係る取引の適正化等に関する法律
法律の目的	フリーランスと事業者間の取引トラブルを防ぎ、フリーランスにとって働きやすい環境を整備する
事業者側に課された義務等	・業務委託の内容や報酬額などを契約書、発注書、電子メールなどで明示しなければならない ・報酬は仕事を受領した日から60日以内に報酬支払期日を設定し、支払わなければならない。 ・募集広告についての規制（情報を正確かつ最新の内容に保つ） ・出産・育児・介護等への配慮をする ・ハラスメント対策の体制整備等の措置を講じること ・契約の中途解除の事前予告（中途解除日等の30日前までに事前予告しなければならない）
違反した場合	・禁止行為に違反した事業者等の公表や、違反行為について行政機関は、助言、指導、報告徴収・立入検査、勧告、公表、命令などをすることができる。 ・命令違反や検査拒否等に対しては、50万円以下の罰金に処する場合もある

従事者）に対するハラスメント行為についての相談窓口の設置など、必要な体制整備等の措置を講じ、周知させなければなりません。

　なお、発注者側（特定業務委託事業者）側がハラスメント対策に必要な措置を講じないような場合に、ハラスメント行為について行政機関に通報したような場合に、発注者側がフリーランスに対して契約解除などの報復行為をするような望ましくない行為についても指針で明確化されることになっています。

・契約の中途解除の事前予告

　契約期間内に発注者側が継続的業務委託を中途解除するような場合については、原則として、中途解除日等の30日前までに特定受託事業者に対し事前予告しなければならないとされています。

　もっとも、フリーランス（特定受託業務従事者）側の事情で契約を途中解除せざるを得ないような場合もあります。そこで、発注者側（特定業務委託事業者）は、フリーランス（特定受託業務従事者）側の契約違反行為や不法行為があったような場合など、契約を中途解除されてもやむを得ないような禁止行為については、あらかじめ契約書の条項に定めて合意しておくのがよいでしょう。

■ 国が行う相談対応等の取り組み

　従来、不当な契約関係に悩まされてきた立場の弱いフリーランスの人は、新法の規定を根拠に発注者側と協議をすることで、抱えている法律問題を改善することができる可能性もあります。

　また、国の行政機関は、特定受託事業者の取引を適正化し、特定受託業務従事者の就業環境を改善するために、相談対応などの必要な体制の整備等の措置を講じています。

　当事者間の交渉では解決できないケースや新法に違反するような悪質な事情がある場合には、公正取引委員会、中小企業庁、厚生労働省などの国の行政機関にその事実を報告することも検討するとよいでしょう。

4 契約書にはどんなはたらきがあるのか

契約の事実や内容の証拠となるだけでなく、多くのメリットがある

■ なぜ契約書を作成するのか

多くの契約は口頭でも法的に成立します。それでもあえて契約書を作成するのは、以下のような理由によります。

・トラブルの防止やトラブルへの対処に有効

口頭で契約を結んだ場合、後々になって契約内容について口論になってしまうケースが見られます。このような場合、契約書は、契約が締結されたという事実やその内容を証明する有力な証拠になります。

・業務を効率的に進めるマニュアルとして機能する

契約書には、契約者双方が受けるべき「権利」と果たすべき「義務」、そしてトラブルが起こった場合の処理などが明確に、漏らさず書かれていることが理想です。このような契約書があれば、最小限のやりとりで取引が完了するため、業務の効率化につながります。

・企業としての信頼度を向上させる

きちんとした契約書があらかじめ用意されているかどうか、というのは、その企業が信頼できる企業かどうかを測るひとつのバロメーターとなります。契約書があらかじめ用意されており、内容も双方の利益となるようきちんと考えられたものであってはじめて、信頼するに足る取引先であると判断されます。

■ トラブルを防止できるようにする

ビジネスの契約書の中では「主要条件」に最も注意を払う必要があります。「主要条件」をいい加減に書いて、あいまいな部分が残ってしまうと、アピール力のない契約書になるばかりか、最悪の場合、ト

ラブルになることがあります。

　そのため、交渉で合意した内容を契約書として文章化する作業も、微妙に合意内容と違ったり、解釈に幅ができてしまう表現にならないよう、時間をかけて慎重に行うことが必要です。「主要条件」の条項を作成する際には、生じ得るさまざまなケースを想定して具体的に規定しなければなりません。

■ 注文書と注文請書で１つの契約となる

　個別の契約は、注文書、注文請書、見積書のやりとりだけでも成立します。契約は当事者の一方が「申込」をして、相手が「承諾」することによって成立するからです。この場合、「申込」を証明するのが注文書で、「承諾」を証明するのが注文請書となります。

　まず、注文書から見ていきましょう。注文書を作成する際のポイントは、①宛て先の会社名を正しく書く、②商品名や数量など目的物を特定する、③代金（総額・単価）・支払方法などを明記する、④納入場所、納入方法などを詳細に書く、⑤必ずコピーまたはスキャンなどをして控えをとっておく、ことです。注文書だけでは、相手が承諾したのかどうかがわからないので、「注文請書」が必要になります。相手から注文請書を受け取っていれば、承諾があったことが証明できます。注文書や注文請書は、どんな形式のものでもかまいません。商品名と代金を記載したFAX文書でもよいのです。

■ 見積書について

　商品（あるいは機械・工事など）の単価、数量、納期などの取引条件を記載して、受注者が注文者に対して契約締結前に交付する書面を見積書といいます。見積書は、単に取引条件を示したものにすぎません。このことから見積書を受けて、注文者が商品購入などの注文（申込）を行い、それを受注者が承諾することで契約が成立します。

■ 契約期間における注意点

　契約において、契約期間は非常に重要とされる項目です。いつから
いつまでの期間、契約の効力を持たせたいのかを契約書に明記してお
かないと、いつまでも契約の内容に縛られることにもなりかねません。
契約期間を明確に記載することで、双方共に契約期間を明確にでき、
トラブルを防止することができます。

　契約には、①必要なときにだけ単発的に結ぶスポット契約と、②一
定期間にわたる継続的な取引のために結ぶ継続契約の2種類がありま
す。スポット契約の場合は、期間よりも契約終了日が重視されます。
長期契約の場合は、自動更新とするのか、そうでないのかなどを確認
しておく必要があります。自動更新にすると、当事者からの申し出が
ない限り契約は終了しませんが、自動更新にしない場合は、契約期間
が終われば契約が終了するため、期間設定については十分に気をつけ
ることが大切です。

　契約期間の長さにも注意が必要です。有利な条件だからと言って長
期にわたる契約期間を結ぶと、よりよい条件の契約に切り替えようと
してもすぐに契約できない、という欠点もあります。

　このように、契約期間を長くすることのメリット、デメリットにつ
いてもよく考えた上で、契約を結ぶことが大切です。

■ 契約書を作成する意味 ……………………………………………

契約をした証拠となる	トラブル防止、裁判での強力な証拠となる
契約遵守	契約書に記載されることにより、口約束のような曖昧さが排除され、契約を遵守する意識が高まる
ルールの明確化	契約書を作ることにより、その内容（ルール）に沿った事業運営をすることが要求される

5 契約書に必ず書くことをおさえておこう

誰が読んでもわかるように、詳細に丁寧に書く

矛盾しないようにする

契約書は、双方の交渉担当者だけではなく、多くの関係者が参照するものです。トラブルが起こり、裁判となった場合には、裁判官が契約書を見ることになります。したがって、契約書は誰が見ても同じ解釈ができるように記載する必要があります。複数の解釈がなされる可能性がある用語を使う場合には、契約書上での用語の解釈について定義条項を設けて、用語の意味を明確に定義付けしておくようにしましょう。

また、契約書は論理的に矛盾がないようにしなければなりません。矛盾があると、当事者がそれぞれ都合のよいように解釈してしまい、トラブルの原因となります。特に多くの条項がある契約書では、条項同士に矛盾がないようにしっかりチェックするべきです。

契約書の書き方は特殊なものではない

契約書は、契約においての当事者間の約束事や意思を記載し、書面化した文書です。ビジネスの場面で必ずしも契約書が必要というわけではなく、原則として口頭（口約束）でも契約は有効に成立しますが、近年は、日本のビジネスにおいても、欧米諸国のように書面主義の傾向が強まっています。後々のトラブルを未然に防ぐ意味でも、ビジネスの場面で契約書は必要不可欠なものといえます。

また、契約書の通数については、当事者数分を作成し、当事者全員がすべての契約書に署名押印し、当事者全員が1通ずつ保有するようにすることが、ビジネス上望ましいといえます。

契約書の書式については、決まった書式はありません。民法が定める契約自由の原則に関する「契約の方式の自由」により、自由な書式で契約書を作成することができます（522条2項）。しかし、慣習的に使われている以下のような標準的な書式があり、このような標準的な契約書が一般的にはよく利用されています。

　まず「表題」を書きます。「○○売買契約書」「○○基本契約書」など、契約書の内容が一目見てわかるような、表題をつけることが望ましいといえますが、単に「契約書」「念書」などだけでも、契約内容の効力に変わりはありません。契約書にとって一番大事なのは、書かれている内容ですが、だからといって、全く内容とは無関係な表題にすることは、ビジネス上望ましくありません。

　次に「前文」を書きます。後から法的トラブルに発展した場合、裁判官などの第三者にもわかりやすいように、契約当事者、契約概要などを記載します。前文が記載されていない契約書も多いのですが、これは日本古来の手法でした。しかし、近年、国際契約様式にならい、前文が記載されることが多くなってきました。

　三番目に「本文」を書きます。その契約書独自の契約条件である主要条件と、どんな種類の契約書でも記載される一般条件を、基本的な契約条件から順番に、詳細に記載します。契約書の最重要項目になる

■ **契約書のスタイル** ………………………………………………

表　　題	契約書のタイトル （商品売買契約書、継続的取引契約書、など）
前　　文	契約当事者、契約概要
本　　文	主要条件、一般条件
後　　文	作成した契約書数、保有する当事者の情報
日　　付	契約書作成日
署名押印	当事者の署名（または記名）と押印

ので、記載漏れのないよう、慎重に記載する必要があります。

　四番目に「後文」を書きます。作成した契約書数や、所持する当事者の情報などを記載します。

　五番目に「日付」を書きます。契約書を作成して、署名をした日付を記載します。日付は、法律適用の基準日となると共に、契約の効力そのものに関わる重要な項目になります。

　最後に「署名（記名）押印」です。署名は当事者が直筆で氏名（法人の場合は法人名＋代表者名）を記載すること、記名は直筆以外の方法（ゴム印・印刷など）で当事者の氏名を記載することです。署名のほうが証拠としての信用力が高いです。また、押印は実印を用いるのが一般的であり、その実印の印鑑証明書を契約書に添付します。

■ 基本事項から記載する

　契約書は、第三者が読んでも契約の内容がわかるように、わかりやすい表現で、かつ論理的な文章でなければなりません。契約書をわかりやすく書くために、契約書の条文は、基本事項から順番に記載していきます。その後、個別の事項を順番に記載していきます。

■ 条文の表示の仕方について

　契約書は複数の条文によって構成されていますが、各々の条文を論理的に、そして客観的にわかりやすく伝えるために、「条＞項＞号」という階層表現で契約内容を記載します。これは、条文が長くなってしまうことにより、契約内容の解釈をめぐるトラブルに発展することを未然に防ぐため、わかりやすく条文を整理する手段といえます。

　まず条文の見出しである「第○条（○○○）」を書きます。「（○○○）」は、誰が読んでも、条文が何の事項を規定しているのかを理解できるように書きます。次に「条」の中身をわかりやすく記載するための「項」を書きます。「項」は「第1項、第2項、…」と各項に分

けて書きます。さらに「項」の中身をわかりやすく記載するために「項」ごとに「第一号、第二号、…」と「号」を書きます。

「項」・「号」共に、誰が読んでもわかりやすく、「条」に関連した事項を簡潔にまとめ、すっきりさせるために用いられます。

横書きの契約書の場合、「条」・「項」は算用数字を使い、「号」は漢数字を使います。一方、縦書きの契約書の場合、「条」・「項」は漢数字を使い、「号」は○書き（①②など）を使います。また、金額の数字には漢字を使い、改ざんを予防する場合もあります。なお「項」の第1項の「1」という数字は省略することができます。

そして、契約は相手が存在してはじめて成り立ちます。対象となる契約の相手は、「○○株式会社」のような正式名称や、「甲」「乙」のような略語を使用して表現します。

契約の条項には「主語」となる当事者の側を必ず明記します。「○○株式会社」のように正式名称を用いる場合や、「当事者」「相手方」「開示者」などの立場で表現する場合もあります。「甲」「乙」のように略語を使用して当事者を表現する場合もありますが、その場合、甲と乙が誰なのかを混同しないようにする必要があります。契約書に登場する当事者が三者以上になる場合は、各々の条文の適用を受ける相手が誰なのかを必ず明記することが大切です。

■ 条文の表示 ···

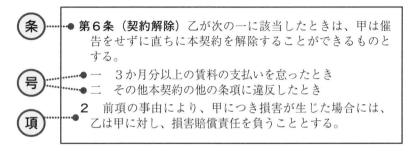

また「○○は甲に」「○○は乙に」という表現を使う場合、「に」という助詞は幅広い意味を持つため、「○○は甲に対し」「○○は乙に対し」のように置き換えて表現することができるときは、そのような表現を使うことが望ましいといえます。

　条文では、誰が何をどうするのかということを、はっきりと具体的に明記する必要があります。受動態（受身）の文章ではなく、能動態の文章で書くことも重要です。

■一般条項の重要性

　契約書には、一般条項を記載します。一般条項（一般条件と呼ぶこともあります）とは、一般的なビジネスの契約において、必ず規定されている条項のことで、契約の種類にかかわらず、必ず取り決めておかなければなりません。

　たとえば一般条項には、支払条件、契約期間、契約解除、期限の利益喪失、不可抗力、秘密保持義務、損害賠償、準拠法、個人情報の取扱いなどがあります。

　このように、一般条項は、ビジネス上の契約だけでなく、一般的な契約においてもほとんど規定されている条項です。しかし、一般的によく見られる条項であるからといって、内容をよく検討しないまま漫然と規定することのないようにする必要があります。契約内容によっては、一般条項の内容も異なる場合が多いので、一般条項だからと軽く考えるのではなく、当事者間での交渉過程において、慎重に決定する必要があります。一般条項についても、それぞれリスクを背負う必要があるので、慎重に検討し、契約書を作成することが重要です。

■第三者への委託条項とは

　第三者への委託とは、元々の契約において、ある業務の処理を委託する内容の契約である場合に、受託者が、その業務について、さらに

別の第三者に、その業務の処理を委託することをいいます。

　第三者への委託が認められる場合、受託者は、必ずしも自身で業務を処理する必要はありませんので、取り扱うことができる業務の幅が広がるというメリットがあります。しかし、その反面、本来であれば、契約の当事者しか知らない情報について、第三者も知ることになりますので、情報漏えいのリスクが高まることには注意が必要です。そのため、契約の種類によっては、第三者への委託が認められるべきではないケースがあります。たとえば、顧問契約やコンサルタント契約などは、その業務を第三者に委託されてしまうと、契約を結んだ意味がなくなってしまいます。

　このような契約の履行を、特定の個人や団体にのみ限定させたい場合は、第三者への委託はできないことを、契約書に加えておく必要があります。反対に、第三者への委託を可能とする場合は、第三者へ委託してよいとする範囲を明確にすると共に、受託者（第三者へ委託をする側）および第三者（受託者から委託を受けた側）が負う義務についても明記しておきましょう。

■ 管轄裁判所を決めておく条項

　合意管轄条項とは、契約当事者間で紛争が起きた場合に、どこの裁判所に訴えを提起するか（第一審の管轄裁判所をどこにするか）という「管轄裁判所」について取り決めた条項です。

　管轄裁判所は、民事訴訟法によってあらかじめ決められており、被告（民事訴訟における訴えられた側）の住所地・所在地を管轄する裁判所や、債務の履行が行われる場所を管轄する裁判所などに訴えを提起する必要があります。しかし、民事訴訟法は、第一審の管轄裁判所に限り、あらかじめ当事者の合意によって指定しておくことができると共に、この合意は書面でしなければ効力を生じないと規定しています。そのため、契約当事者間で第一審の管轄裁判所に関する合意をした上で、契約書に合意管轄条項を設けておくことが一般的です。

契約当事者間で紛争が生じた場合、最終的な紛争解決手段としては、第一審の管轄裁判所に訴えを提起して、その裁判所による裁判が行われるのが通常です。しかし、契約の相手方が遠隔地にあり、その遠隔地にある裁判所に訴えが提起されて訴訟が係属した場合、交通費や時間の負担が大きくなることから、特に企業間の取引や企業と消費者との間の契約においては、自分または双方の契約当事者に都合のよい場所に所在する裁判所を第一審の管轄裁判所として、契約書の合意管轄条項で定めておくことが重要です。

■ 「専属的」という記載

　契約書に合意管轄条項を設ける際には、「専属的」という言葉を入れて「専属的合意管轄」の条項をすることが多いです。専属的合意管轄の条項とは、訴えの提起が認められるのは、契約書で定めた合意管轄裁判所のみであるということを意味します。

　契約書に「専属的」という文言が入っておらず、単に合意管轄についての条項を設けた場合には、非専属的な合意管轄条項であるとされます。この場合は、契約時に合意した管轄裁判所の他に、民事訴訟法で認められている裁判所にも訴えを提起して、裁判を受けることが可能となってしまいます。

　これでは、わざわざ合意管轄条項を設ける意味が失われてしまうことから、契約書では「○○裁判所を専属的合意管轄裁判所とする」旨を明示しておきましょう。

■ 合意管轄条項 ………………………………………………………

> （合意管轄）本契約より生じる法律関係の訴訟については、甲の本店所在地を管轄する地方裁判所及び簡易裁判所を第一審の専属的合意管轄裁判所とする。

6 目的物・業務内容・対価・支払方法・不可抗力条項の書き方

契約書において重要なポイントをおさえておく

■目的、業務内容、対価、支払方法に関する条項

　売買契約や請負契約、賃貸借契約などにおいて、契約書を作成する上で非常に重要となるのが、①目的物、②業務内容、③対価、④支払方法の記載です。

① 目的物に関する条項について

　売買契約や賃貸借契約については、①目的物がはっきりとしていなければ契約として成立しません。特に目的物を実際に引き渡す段階で、どのような状態で引き渡すべきなのかという点が、各種の契約において問題になることが少なくありません。

　目的物が市場に代替品が存在するものである場合（不特定物または種類物といいます）には、目的物に傷や不具合などの欠陥がある場合には、代替品を市場から調達することが可能であることから、欠陥のない物を引き渡すべきことになります。

　しかし、目的物が、美術品や中古品など、その個性に着目して決定された物である場合（特定物といいます）には、代替品を市場から調達することはできません。そこで、民法は、特定物の引渡しについては、契約や取引上の社会通念などに照らして「引渡しをすべき時の品質を定めることができない」場合には、引渡し時の現状でその物を引き渡すべきだとしています。つまり、契約や取引上の社会通念などに照らして引渡し時の品質を定めることができる場合は、それを尊重すべきことになるわけですから、契約条項の中で引渡し時における特定物（目的物）の品質を取り決めておくことが重要です。

② 業務内容に関する条項について

次に、②業務内容ですが、これは主に請負契約や委任などの委託契約について必要な事柄です。どのような仕事の完成を依頼するのか、またはどのような役務（サービス）の提供を依頼するのかを明記しておかなければ、これらの契約をする意味がないからです。

③ 対価および④支払方法に関する条項について

③「対価」とは、売買・賃貸・請負・委託などの遂行に対して支払う金銭を指します。これについては細かい注意事項がありますので、注意する必要があります。

対価については、契約した対価の他に、重要な取決めをしておかなければなりません。たとえば、対価に税金は含まれるのか、送料など諸費用はすべて含まれるのか、または別途請求となるのかについても双方で話し合い、明確にしておく必要があります。

④支払方法については、対価を現金で支払うのか、振込にするのか、手数料の負担はどちらか、または手形で支払うのかということを明記しておきます。

■ 不可抗力条項とはどんな規定なのか

不可抗力条項とは、不可抗力によって債務不履行の状態に陥った場合は、債務不履行責任（損害賠償責任など）を負わない（免責）とす

■ 対価及び支払方法に関する条項の例 ……………………………

> （賃料及び支払方法）本契約に基づく賃料は、１か月につき金○○万円とする。
> ２　賃料の支払方法につき、乙は、毎月末日限り翌月分を甲の指定する銀行口座に振り込む方法にてこれを行うこととする。振込手数料は乙の負担とする。賃料の持参は、これを受け付けないものとする。

る規定です。不可抗力免責条項ともいいます。

　ここでいう「不可抗力」とは、当事者双方の責めに帰することができない（落ち度のない）事由によって起こった、債務不履行を免れる事情のことを意味します。

　何が「不可抗力」に該当するかについては、具体的に法律で定められているわけではありませんが、典型例としては、大地震や台風などの天災や、法令改正、戦争・テロなどが挙げられますが、契約の当事者間で紛争が生じることをあらかじめ防ぐためにも、「不可抗力」に該当する自由を具体的に契約書に列挙して記載するべきでしょう。

　なお、民法は、金銭債務（金銭の給付を目的とする債務）は、不可抗力を理由としても免責されない（債務不履行責任を負う）としています。そのため、金銭債務以外の債務であれば、不可抗力を理由に免責されうる（債務不履行責任を負わない）ことになります。

　不可抗力条項を定めても、金銭債務については不可抗力を理由に免責されませんので注意が必要です。また、債務者が不可抗力条項により免責されるとしても、債務の履行が不可能であれば、債権者は契約解除をすることができる点に留意する必要があります。

■ **不可抗力条項の例** ···

> **（不可抗力による履行遅滞等）**天災地変、戦争、暴動、テロ、輸送機関の事故、その他甲乙双方の責めに帰することができない事由により、この契約の全部又は一部が履行遅滞又は履行不能になったときは、甲及び乙は責任を負わない。

7 契約書で問題が起こりやすい箇所とはどんなところなのか

さまざまなケースを想定して、慎重に対応する

■ 契約書を訂正する場合には改ざんを防ぐようにする

契約書の記載に間違いがあることに気付いた場合、直ちに正しい内容に修正するべきです、この場合、契約書を新たに作り直すことができればそれがベストですが、すでに契約当事者の署名や押印済みであるようなときは、契約書を一から作り直すのは、時間の面でも費用の面でもムダが生じます。そこで、このようなときは、契約書上の間違いのある箇所を、以下のような方法で訂正することが一般的です。

まず、訂正すべき箇所を二重線で消します。次に、一般的に、横書きの場合は上に、縦書きの場合は右横に、訂正後の正しい文言を記載します。続けて、「削除○文字」「加入○文字」と書き、訂正したときに削除・加入した文字数を示します。最後に、当事者全員の訂正印を訂正箇所に押します。訂正印は、署名押印に使用したものと同じ印鑑を使用します。

改ざんされないように、数字は「一、二、三」ではなく、「壱、弐、参」を使います。また、「○文字削除」のように数字を先に持ってくると文字数をつけ加えやすいので避けるようにしましょう。訂正印は欄外に押しても法的には有効ですが、他の箇所を訂正することが可能になりますので、訂正箇所に押しておくのが確実です。

このように契約書を手書きで訂正するのは気を使う作業です。訂正が生じた場合は、取消線を引いたり、訂正印を押すことでなく、可能であれば、契約書を作り直してしまうほうがよいでしょう。そのほうが見栄えがよく、間違いも起きにくいといえます。

また、契約書の誤字・脱字にも注意が必要です。ときには契約内容

が変わってきてしまう可能性もありますので、最後に文章全体を通して音読し、校正を行いましょう。

　契約書のページ数が多くなると、単純な記載ミス等が発生しがちです。作成した契約書について複数の目で確認することも有効な手段です。契約当事者の署名・押印欄も非常に重要な箇所ですので、記載に不備のないように気を付けましょう。

■ 目的物の納品と検査についての条項について

　物の売買契約や一定の物の製作等を内容とする請負契約では、通常、目的物が契約の相手方に納品された後、検査が行われるというプロセスをたどります。

　目的物の納品とは、目的物の引渡しのことであり、法律上は、目的物の引渡し（納品）によって相手方が目的物を受領したものと扱われます。目的物が納品された後、納品を受けた当事者は、すぐに目的物の検査を行う必要があります。納品された目的物が契約の内容どおりの物品であるかどうか、欠陥はないか、数量に不足はないかなど、履行が適切になされたかどうかをチェックするのです。この物品の検査のことや検査に合格したことを「検収」と呼ぶことも多いです。

■ 改ざんを防ぐ方法 ………………………………………………

	よい例		悪い例	
漢数字を使う	壱、弐、参		一、二、三	
数字を先に持ってこない	削除○文字	加入○文字	○文字削除	○文字加入
訂正印の位置	訂正箇所		欄　外	

もっともよい方法は、契約書を訂正するのではなく、作り直すこと

なお、「納品」や「検査」「検収」といった言葉は法律上の用語ではないため、契約当事者によって、それぞれ意味する内容が異なっている場合もありますので、契約書ではどのような意味で用いられているのかを確認するようにしましょう。

　検査の結果、納品物に問題がある場合には、法律上、納品をした相手方に直ちに通知して、契約内容に沿った目的物を納品することや代金の減額を求めたり、損害賠償請求や契約の解除をしたりすることができます。検査の結果、納品物に問題がなければ、検査に合格したことを直ちに相手方に通知しなければなりません。

　これらのプロセスを、明確に契約書に記載することで、納品・検査に関するトラブルを防ぐことができます。

■ クレームの処理に関する事項を明確にして紛争を防止する

　ビジネスには顧客からのクレームがつきものですので、クレームが発生した場合の処理・対応などについて、契約書に明確にしておくことが重要です。

■ 納品・検査条項の例 ……………………………………………

> （納品及び検査）
> 第○条　乙が目的物を納品したときは、甲は、当該目的物を直ちに検査する。
> 2　甲は、目的物の納品を受けた日から14日以内に、前項の検査の結果を乙に書面で通知する。
> 3　第1項の検査の結果、不合格の物品があるときは、乙は、遅滞なくこれを引き取り、すみやかに代品を納入しなければならない。
> 4　甲が乙に検査の結果を通知せずに第2項の期間が経過したときは、当該目的物は検査に合格したものとする。

一般的には、製品についてのクレームの処理をすべきなのは、売主であるメーカー、販売やサービスについてのクレームの処理をすべきなのは買主である小売店、というのが妥当ですが、責任の所在がはっきりしないケースも発生します。そのため、まずはクレーム処理の対応をする当事者は誰なのかを明確にする必要があります。

誤った対応で商品や会社のブランド価値を下げてしまう可能性や、製品開発や改善のヒントを逃してしまうことがありますので、一方当事者のみが対応にあたるのではなく、必要に応じて他方の当事者も協力をする、というような条項にすることが効果的です。

その他にも、クレーム対応にかかる費用の負担や補償責任を負う当事者は誰か、どの範囲でクレームによる責任を負うべきか、具体的にどのような補償責任を負うのか、などを規定し、当事者間での紛争を防ぐと共に、クレームを適切かつ円満に処理できるようにします。

また、今日では、著作権、特許権、意匠権、商標権などの「知的財産権」に関するクレームも増えています。契約当事者が顧客や第三者に対して、権利を侵害する場合だけでなく、反対に、第三者に契約当事者が権利を侵害される場合も起こり得るので、どのケースのときに誰が対応するか、可能な限り細かく設定しておくべきでしょう。

■ クレーム対応に関する条項の例 ……………………………………

> （クレームへの対応等）
>
> 第○条　本製品の不具合に関して消費者からのクレームが発生した場合、甲は、直ちに乙に通知し、その対応にあたるものとする。この場合において、甲の要請があったときは、乙は甲に必要な協力をするものとする。
>
> 2　乙は、以下の場合を除き、甲が前項のクレームへの対応に要した一切の費用について補償しなければならない。
>
> （以下省略）

8 その他こんな条項について知っておこう

秘密保持条項で秘密情報を守る

■ 完全合意条項とは

契約書を作成する際に、その契約書に書かれていない内容には効力を認めないということを合意する条項です。

この場合の「完全」とは、契約当事者が完全に合意しているという意味です。つまり、契約締結前に行われたどのような約束も、口頭であれ暗黙の了解であれ、契約書に書かれていない内容はその効力を認めないということです。つまり、この契約書の記載事項のみが完全な合意であり、契約書に記載されていない内容や、契約が締結されるまでに交わされた合意や約束は、すべて無効とする規定を指します。

たとえば、「本契約は、本契約で取り扱われた事項に関する当事者間の完全かつ唯一の合意を構成するものであり、書面であろうと口頭であろうと、当事者間に存在するすべての従前の合意は効力を失うものとする」などと規定することになります。

また、契約締結後においても契約の修正は書面によらなければなりません。

法律上、契約は当事者の合意によって定まります。契約締結の際には、必ずしも正式な契約書を作成する必要はなく、口約束や覚書などでもその効力を生ずるとされています。

しかし、正式に契約書を発行して契約内容の特定化をしていないと、トラブルになり、損失を被る可能性も大きくなります。完全合意条項を規定することで、契約の内容は特定化されます。そのため、書面によらずに成立した契約や、契約締結前に交わされた合意、口約束などについてのトラブルを、事前に防ぐことができるようになります。

完全合意条項を置くということは、契約書に記載されていないことは、新たに当事者間で合意しない限りは、その効力が認められないということになります。契約締結時には、考えられるあらゆるトラブルを想定して、漏れがないかどうかについてチェックする必要があります。

　なぜなら、本来は、両当事者が合意に至って、契約書を作成したにもかかわらず、後になってトラブルになるケースは意外にも多いためです。特に、トラブルになったケースで、一方の当事者が、問題になっているトラブルは契約書が想定していたケースとは異なると主張する場合があります。完全合意条項を置くことによって、この種のトラブルの予防につながります。

■ 秘密保持条項とは

　秘密保持条項とは、契約の履行をする上で知り得た相手方の重要な秘密情報（たとえば、経営ノウハウや、製造技術などの知的財産情報など）を、第三者に開示することや、その契約の目的以外で利用することなどを禁止する規定です。企業間の契約では、このような秘密情報の開示を伴う契約を行うことが頻繁に起こるため、秘密保持条項は非常に重要な契約条項です。

　当事者以外の特定の第三者にまで秘密情報の開示が認められている場合には、その第三者に対しても、契約を履行する上で知った秘密情報の保持義務を負わせる必要があります。

■ 秘密保持条項を設ける際の注意点

　秘密保持条項を設ける際には、自社が情報を提供する側なのか、提供を受ける側なのかという、立場の違いを考慮することが重要です。特に、自社が情報の提供を受ける側の場合に、あまりにも厳しい内容の秘密保持条項を結んでしまうと、自社が秘密保持義務を遵守することが困難または不可能なこともあり得ます。そのため、具体的な取引

の内容を明確にイメージして、現実的に遵守可能な条項になっているかどうかをしっかりチェックすることが重要となります。

■ 秘密保持条項の重要ポイント

秘密保持条項の検討においては、まず、自社が情報を開示する立場（送り手）にあるのか、情報の開示を受ける立場（受け手）にあるのかを確認する必要があります。

自社が情報を開示する立場にある場合には、秘密保持の対象となる「秘密情報」の範囲をできる限り広く規定することが必要となります。また、開示した情報の取扱いについても厳格な規定を設けるべきです。

一方、自社が情報の開示を受ける立場にある場合には、自社が負う義務の範囲が広くなり過ぎないように、必要最小限度の規定のみを置くように交渉するべきでしょう。過剰な負担を負わないようにすることが重要です。万が一、開示を受けた情報が漏えいした場合のリスクについての十分な確認・検討も必要となります。

また、何が「秘密情報」に該当するかを明確にすることも重要です。「秘密情報」の範囲が明らかになっていない場合には、重要な情報と重要性の低い情報を区別することなく同様に管理しなければならないことになるため、情報の重要性に沿った情報管理が行われないおそれが出てきてしまいます。

そのため、秘密保持条項では、「秘密情報」の範囲を明確に記載した上で、公知の情報など、「秘密情報」として取り扱う必要のない情報は「秘密情報」から除外される旨の規定を設けるべきです。

さらに、秘密保持義務に違反した場合のペナルティについても定める必要があります。たとえば、秘密情報が漏えいした場合には、損害賠償責任が発生する旨を定めるのが一般的ですが、情報漏えいのケースにおける具体的な損害額を算定することは非常に困難です。

また、金銭による損害賠償では損害の回復は不可能なケースもあり

得ます。このような事態を想定して、具体的な損害賠償額をあらかじめ契約書に明記しておくことや、損害賠償以外のペナルティを規定するということもしばしば見られます。

■ 秘密保持期間の定め

秘密保持条項では、秘密保持期間も定められます。契約終了後も秘密保持義務を負うとすべきか、負うとしてどのくらいの期間が妥当なのか、さらにその期間が経過した後はどうなるのかなどについては、具体的な取引の内容に照らして個別に判断しなければなりません。

■ 別途「秘密保持契約書」を結ぶこともある

秘密保持条項の分量が膨れ上がってしまい、契約書のバランスを欠いてしまうような場合には、その契約書（以下、「本契約書」といいます）には簡易な秘密保持条項のみを設けるにとどめて、別途、秘密保持に関する詳細な条項を盛り込んだ「秘密保持契約書」を結ぶということもあります。

■ 秘密保持条項 ··

（秘密保持義務）

第○条　甲及び乙は、本契約の締結または履行の過程で知った相手方の秘密情報を、相手方の事前の同意なく、第三者に開示、提供または漏えいしてはならない。

2　次の各号に掲げる情報は、前項における秘密情報には含まれない。

（省略）

3　本条の規定は、本契約が終了（中途終了を含む）した日から3年が経過するまで効力を有する。

■ 署名と記名押印の違い

　署名と記名、捺印と押印の違い印鑑を押す以外の本人の意思表示の方法として、「署名」や「記名」があります。

　署名とは、名義人自身が自署すること（自分の氏名を手書きによって書くこと）です。いわゆる「サイン」になります。これに対し、記名とは、自署以外の方法で指名を記載することです。たとえば、パソコンの文字入力ソフトによって氏名を印字したり、氏名のゴム印を押したり、他人による代筆などによって行われます。

　署名の場合は、自署によって行われるため、筆跡によって本人が書いたものであるかどうかがわかります。これに対し、記名の場合は、自署によるものではないため第三者が行うことができるものですから、本人の意思が反映されているかどうかは記名だけではわかりません。そのため、記名による場合には、記名された氏名の後に本人の印鑑を押印することによって、本人がその内容をきちんと確認して本人の意思で押印していると扱い、署名と同じように本人の意思によるものであることを示すようにするという、「記名押印」という方法によるのが一般的です。

　また、署名の場合でも、本人が手書きで書いた氏名の後に、本人が印鑑を押すという「署名捺印」の方法がとられることが多いです。本人による自署と本人の印鑑の捺印とがあいまって、より確実に本人の意思を反映しているということが示されるのです。

　なお、「捺印」も「押印」も、印鑑を押すことを意味しますが、「捺印」はもともと「署名押印」が省略された言葉であるのに対し、「押

印」は「記名押印」が省略された言葉です。ただし、日常では両者を厳密に区別することなく同じ意味を示す言葉として使用されていますので、本書でも、印鑑を押すことを「押印」という言葉で説明します。

■ 押印するときの注意点

押印するときの注意点としては、まず文書の内容をよく理解してから押す、理解していないうちは簡単に押さないということです。

次に、ハンコを押す場所です。文書に押印するときは、氏名のすぐ後に押さなければなりません。氏名から離れた場所に押してしまうと、本人の意思が確認されているのかが不正確になってしまい、押し直さなければならないこともあります。

また、押印は、その印影に意味があることから、文字や他の印影と重ならないようにすることも大切です。

■ 実印とは何か

印鑑を利用することの一番大きな意味は、それによって押印された書類などが本人の意思表示の証拠となりうることです。そのためには、書類にある印影が本人により押印されたものと認められる必要があり、その印鑑が唯一本人の持つ正式なものとして公的に認められたものである必要が出てくるのです。

■ 署名捺印と記名押印 ・・・・・・・・・・・・・・・・・・・・・・・・・・・・・・・・・・・・・

署名捺印の場合 ➡	松野 歳三 ㊞
記名押印の場合 ➡	松野 歳三 ㊞

その印鑑が本人の持つ正式なものであると公的に証明されたものを実印と呼んでいます。そして、実印以外のものを認印と呼んで区別しています。認印は、「三文判」とも呼ばれ、数種類を所有して、ケースに応じた使い分けがなされています。

しかし、実印は唯一のものでなければなりません。実印と認印は、公的に登録してあるかどうかによって決まります。高価であるか安価であるかなどは関係ありません。印鑑を実印とするためには、個人的に使用する場合は市区町村に届け出ます。また、法人として使用する場合は、法務局（登記所）に届け出ます。

■ 実印と印鑑登録制度

印鑑を実印として使用するためには、個人の印鑑の場合は市区町村に届け出ることが必要です。法人として使用する場合には、法務局（登記所）に届け出ます。

個人の場合、印影を市町村役場や区役所に登録した後、申請することで、その押印された印影をもって印鑑とし、登録されたハンコに間違いないという証明書が発行されます。これが「印鑑登録証明書」です。印鑑登録証明書は、日常的には、会社などの法人の場合と同様に「印鑑証明書」と呼ぶことが多いです。印鑑登録証明書には、登録した実印の印影や氏名、住所が記入されています。また、会社などの法人にも実印が存在し、会社の実印であることを証明するものとして、「印鑑証明書」があります。

会社の場合、実印は「代表者印」と呼ばれ、会社の設立時に本店所在地の法務局（登記所）に届け出る必要があります（印鑑届書）。丸印と呼ばれることもあります。

代表者印は、対外的に会社の意思を表示するために使用され、銀行取引の際などには、代表者印の押印と共に印鑑証明書を添付しなければならないこともあります。

10 訂正印・契印・割印・捨印・消印の違いと使い方

それぞれに特有の押印の仕方がある

■ 訂正印

　会社では、さまざまなハンコが使用されていますが、特殊な使い方をするハンコもあります。「訂正印」「契印」「捨印」「消印」「割印」などです。

　訂正印とは、契約書などの文書に記載された文字を訂正するときに印鑑を押すものです。文書の当事者が合意によって訂正をしたということを示すために用いられます。

　訂正印を使用するときは、まず訂正する文字に二本線を引きます。そして、一般的に、縦書きの場合はその右に、横書きの場合はその上に正しい文字を書き加えます。その他の訂正方法として、たとえば、文章中の2文字を消して1文字を書き入れる場合には、欄外に「削除2字、加入1字」（または「削除2文字、加入1文字」「抹消2字、挿入1字」など）と記入した上で、訂正部分に当事者全員の訂正印を押す方法などがあります（49ページ図）。

■ 契印

　契印とは、契約書が複数のページからできているような場合は、すべてが一体の契約書であることを示すために、とじ目をまたいで当事者双方が押印をするものです。契印は以下のような方法で押します。

① 各葉のつなぎ目に契印を施す方法

　複数枚をホッチキスで止め、各葉のつなぎ目にまたがるように、契約当事者全員の印で押印します。契印は各ページをつなぐ役目をし、各ページが一体であることを示します。

② 契約書の一か所だけに契印を施すだけで足りる方法

　複数枚をホッチキスで止めた後、背を別紙で包んでのりづけします。そして、のりづけの境目に契印を施します。これで、のりづけされた全体について契印を施したことになります。特にページ数が多い場合には、①の方法よりもこちらの方法が簡単です。

◼ 捨印

　捨印は、後で文書の中の文字を訂正する必要が出てきたときや、文字を訂正してもよいという許可を前もって出しておく場合に使用されます。あらかじめ押しておく訂正印ということです。

　捨印は、相手に、文書を自由に訂正してかまわないと約束するものなので、よほど信頼関係のある人との間でしか使わないようにしないといけません。

　捨印をするときは、文書の欄外に当事者全員で押印します。押印する場所は、一般には、文書が縦書きであれば上の部分、横書きであれば左の部分です。文書が複数ページある場合は、ページごとに押印します。

　捨印は、文書の内容を自由に変更できることから悪用される可能性もあるため、なるべく使用しないほうがよいでしょう。

◼ 割印

　契約書の正本と副本を作るようなとき、または同じ契約書を２通以上作成して、複数人数でそれぞれ１通ずつ保管しておくような場合は、割印を用います。

　割印は、２通の契約書の両方にまたがるようにハンコを押します。これで、契約書が同一のものであるか、何らかの関連性があることが明らかになります。

　また、２通以上の契約書に割印が押されていると、それらが同時に作成されていることも証明されます。文書の偽造・変造を防ぐという

意味で、割印は効果的な方法です。

　割印では、契約書を下図のように重ねて全当事者の印で押印をします。なお、割印は、必ずしも署名者の署名押印に使った印でなくてもよいとされています。

■ 消印

　消印とは、契約書に貼付された印紙と契約書面とにまたがってなされる押印のことです。契約書が印紙税法上の課税文書である場合、当事者はその契約書に所定額の収入印紙を貼付しなければなりませんが、その際、収入印紙の再利用を防止するために、貼付した収入印紙について、会社の印鑑によって消印をする必要があります。

■ 契印・割印・訂正印の押し方 ……………………………………

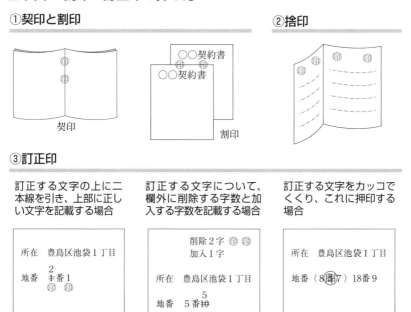

①契印と割印

契印

○○契約書
○○契約書

割印

②捨印

③訂正印

訂正する文字の上に二本線を引き、上部に正しい文字を記載する場合

所在　豊島区池袋１丁目
　　　　　２
地番　１番１
㊞㊞

訂正する文字について、欄外に削除する字数と加入する字数を記載する場合

削除２字 ㊞㊞
加入１字

所在　豊島区池袋１丁目
　　　　　５
地番　５番１０

訂正する文字をカッコでくくり、これに押印する場合

所在　豊島区池袋１丁目

地番　（８㊞７）18番9

「自営型テレワーク」実施のためのポイントをおさえておこう

発注の際は仕事の内容、納期、報酬などを明確に定める必要がある

自営型テレワークとは

　最近では、クラウドソーシング（仕事を依頼する側と仕事を受ける側をオンライン上で引き合わせるサービスのこと）が拡大し、インターネット環境さえあれば、在宅でも雇用契約を結ばず気軽に仕事ができるようになっています。このように働く人を「自営型テレワーカー」と呼ぶことがあります。自営型テレワーカーの増加とクラウドソーシングを提供するサイト（ランサーズやクラウドワークスなど）の拡充により、企業も気軽に外部へ仕事の依頼ができるようになっています。

　このような働き方は、国が考える柔軟な働き方と方向性が一致している一方で、働き手である個人は、報酬額や納期などの基本的な内容が不明確なまま契約を結ばざるを得なかったり、契約が一方的に打ち切られたりするなど、依頼する側の企業に比べて弱い立場にあります。

　そのため、厚生労働省は、平成30年2月に「自営型テレワークの適正な実施のためのガイドライン」を策定し、在宅ワークの仕事を注文する者が守るべき最低限のルールを示しています。また、自営型テレワーカーにおいても、仕事を受注する前に、ガイドラインの内容について知っておくことが、トラブルを未然に防ぐ意味でとても大切なことです。

　ガイドラインでは、自営型テレワークを「注文者から委託を受け、情報通信機器を活用して主として自宅または自宅に準じた自ら選択した場所において、成果物の作成又は役務の提供を行う就労」と定めています。自営型テレワークの職種には、文書入力、データ入力など簡単なものから、Webサイト制作、プログラミング、システム設計など専門的なものまで多岐にわたります。

■ 自営型テレワークの類型

　自営型テレワークの受発注の形態については、いくつかに分類することができます。

　一つ目が「直接注文」です。注文者が自営型テレワーカーと直接、請負契約もしくは準委任契約を締結する場合が該当します。

　二つ目が「仲介事業者を通じた注文」です。仲介事業者が注文者から業務の委託を受け、その業務に関する仕事を自営型テレワーカーに注文し、成果物の取りまとめなどをして、注文者へ成果物の納品などをします。この場合、仲介事業者と注文者、仲介事業者と自営型テレワーカーの各々で請負契約・準委任契約が締結されます。

　ただし、「仲介事業者を通じた注文」でも、仲介事業者が注文者と

■ 自営型テレワーカーの類型 ……………………………………

①直接注文

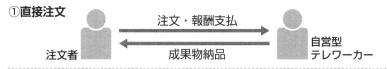

②仲介事業者を通じた注文（その1）

③仲介事業者を通じた注文（その2）

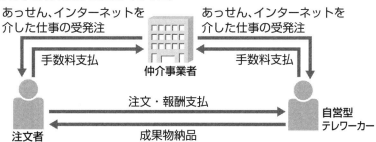

自営型テレワーカーの仕事のあっせん（もしくはインターネットを介して直接仕事の受発注をするサービスの提供）をするだけで、注文者と自営型テレワーカーが直接、請負契約・準委託契約を締結する場合もあります。ここにいう「インターネットを介して直接仕事の受発注をするサービス」がクラウドソーシングにあてはまります。

■ 注文者はどんなことを守るべきか

　ガイドラインにおいて示された注文者が守るべき主な事項を次ページの図にまとめています。「募集」「契約」「納品」「報酬」という業務の流れの中で注文者が守るべき事項を説明していきましょう。

・募集について守るべき事項

　募集について口頭で済ませるとトラブルの原因になります。そのため、募集時には、①注文する仕事の内容、②成果物の納品予定日、③報酬予定額、報酬の支払期日、支払方法、④注文する仕事の経費の取扱い、⑤知的財産権（著作権など）の取扱い、⑥募集内容に関する問い合わせ先を、文書や電子メールまたはWebサイトなどで明示するように定めています。また、自営型テレワーカーから募集内容について問い合わせがあったら、十分に説明する必要があります。

・契約について守るべき事項

　募集の段階と同様、口頭で済ませることなく、文書化した契約書を交付するように定めています。契約書には、募集で示した項目以外に、「成果物の納品先および納品方法」「成果物の内容について検査をする場合は、その検査を完了する期日（検収日）」「契約条件を変更する場合の取扱い」「成果物に不完全な点があった場合、納品が遅れた場合の取扱い」「個人情報の取扱い」などを定める必要があります。

　そして、一方的に自営型テレワーカーに不利益となる契約変更を行うべきではありません。自営型テレワーカーに落ち度がないのに契約を解除する場合は、自営型テレワーカーに生じた損害を賠償する必要

があります。また、契約条件をめぐるトラブルを防止するため、契約書は3年間保存するように定めています。

・納品について守るべき事項

　成果物などが不完全であったり、成果物の納品などが遅れたりしても、契約で決めた範囲を超えて責任を負わせることはできません。

・報酬について守るべき事項

　成果物の納品や役務の提供があった日から起算して30日以内、長くても60日以内に報酬を支払うべきと定めています。

・その他の守るべき事項

　継続的な取引関係にある自営型テレワーカー（おおむね6か月を超えて毎月1回以上仕事を注文しているなど）と注文を打ち切る場合には、速やかにその旨と理由を予告すべきと定めています。

　また、自営型テレワーカーの健康にも配慮することが定められてい

■ **注文者が守るべき事項** ……………………………………………………

1. 募集	・募集内容を文書などで明示する ⇒①注文する仕事の内容、②成果物の納品予定日、③報酬予定額、報酬の支払期日、支払方法、④注文する仕事の経費の取扱い、⑤知的財産権の取扱い、⑥募集内容に関する問い合わせ先
2. 契約	・契約内容を契約書に記載し交付する ⇒募集内容以外に、「成果物の納品先および納品方法」「契約条件を変更する場合の取扱い」「成果物が不完全であった場合、納品が遅れた場合の取扱い」「個人情報の取扱い」などがある
3. 納品	・成果物などが不完全であるか、納品が遅れた場合でも、契約で定めた負担を超えて責任を負わせることはできない
4. 報酬	・成果物の納品、役務の提供があった日から起算して30日以内、長くても60日以内に支払う
5. その他	・継続的な取引関係にある自営型テレワーカーと注文を打ち切る場合には、速やかにその旨と理由を告知する ・自営型テレワーカーの健康について配慮する

ます。雇用関係に基づく安全配慮義務などは課せられませんが、仕事の進捗状況に応じて注文をするなどの配慮が必要でしょう。

■ 仲介事業者はどんなことに気をつけるべきか

　ガイドラインでは、仲介事業者を、①注文者から業務の委託を受け、その業務に関する仕事を自営型テレワーカーに注文する者、②自営型テレワーカーと注文者との間で、仕事のあっせんを行う者、③クラウドソーシングを運営する者の3類型に分けています。そして、各々の類型において守るべき事項を定めています。

　いずれの類型の仲介事業者も仲介手数料などを徴収するのが一般的であるため、仲介手数料などの金額、発生条件、徴収時期などをあらかじめ文書などで明示しておく必要があると定めています。また、いずれの類型においても、個人情報の保護に留意し、苦情処理の体制を整備すべきであると定めています。

　①の類型の仲介事業者は、注文者が守るべき事項を遵守する必要があります。特に、報酬の支払いや不利益な契約変更については留意しておきましょう。そして、②の類型の仲介事業者は、仕事をあっせんする際に、自営型テレワーカーに募集内容を明示する必要があります。募集内容は、注文者が守るべき事項と同様です。

■ その他、ガイドラインにはどんなことが書かれているのか

　ガイドラインでは、注文者が、正当な理由がある場合を除き、自営型テレワーカーに対して、自己の指定する物を強制的に購入させたり、サービスを強制的に利用させることを禁止しています。また、ガイドラインは、注文者に対し、自営業テレワーカーの個人情報等について適正に管理等をすることや、自営業テレワーカーから苦情の申し出を受けたときは自主的な解決を図るように努めるべきだとしています。

12 副業・兼業によって本業以外の仕事で収入を得る

副業・兼業は自由に行うことができるわけではないことに注意

■ 副業・兼業とは

　副業や兼業に明確な定義があるわけではありませんが、一般的にはどちらも「本業以外で収入を得る仕事」という意味で用いられています。副業と兼業を厳密に区別し、企業と雇用契約を結んで労働者として働く場合を副業と呼び、個人事業主として請負契約などを結んで業務を行う場合などを兼業と呼ぶこともありますが、本書では、副業と兼業を区別せずに、本業以外で収入を得るという働き方のことを意味するものとして、「副業・兼業」という表現を使用します。

　副業・兼業にはさまざまな形態がありますが、その全般について法的な規制があるわけではありません。企業と雇用契約を結んで労働者として働く場合には、副業・兼業であっても労働基準法などの労働法規が適用されますし、本業の使用者との関係にも影響を及ぼします。日本では欧米に比べて会社の開業率が低いことや、少子高齢化による労働力の減少などが課題として挙げられています。これらの課題に対して副業・兼業を推進していくことは、起業の促進や、慢性的な人手不足の解消に有効だと考えられています。

■ 労働者はどのような場合に副業を行うことができるのか

　会社員である労働者は、必ずしも自由に副業・兼業を行うことができるわけではありません。会社が就業規則などにおいて社員の副業・兼業を「原則禁止」または「会社の許可が必要」と規定している場合もあります。ただし、憲法では「職業選択の自由」を保障しており、我が国の法令上、副業・兼業の禁止が明記されているのは公務員だけ

であって、民間企業に勤務する労働者の副業・兼業を禁じる規定はありません。労働基準法に副業を禁止する規定がないということを知らない人が多いかもしれませんが、裁判例は、企業が労働者の副業・兼業を全面的に禁止することは、特別な事情がない限り認められないとしています。ただし、就業規則や労働契約などで副業・兼業を禁止することが法的に一切認められないわけではありません。営業秘密の保持などを重視して、就業規則などで副業・兼業を禁止するにとどまらず、会社の許可なく行った副業・兼業について、就業規則などで懲戒事由にしていることもあります。

　会社側が副業・兼業を禁じる理由としては、「副業・兼業をすると、疲れがたまって本業に支障をきたす」「副業・兼業先で本業の情報が漏えいするおそれがある」「残業や休日出勤ができなくなる」などが挙げられます。副業・兼業を禁止している就業規則を破って、会社側から懲戒処分（減給処分や懲戒解雇処分など）を受けた労働者が、その処分の無効を主張して訴訟を提起した場合、上記のような理由で会社に損害を与えたり、労務の提供に支障が生じるおそれがあるときには、会社側の懲戒処分の適法性が認められる可能性があります。

　たとえば、毎日6時間に及ぶ深夜にまでわたる長時間の副業・兼業について、本業である会社における勤務に支障が生じるおそれがあるとして、会社が副業・兼業を行う労働者に懲戒処分を行うことが認められると判断した裁判例もあります。また、会社の管理職にあたる労働者が、直接経営には関与しないものの競合他社の取締役に就任した事案について、会社が懲戒処分を行うことが許されると判断した裁判例もあります。

　副業・兼業によって会社に対して不利益が生じるおそれがあるとはいえない場合には、基本的には、労働者の副業・兼業を制限することはできず、副業・兼業をすることは懲戒事由にあたらないと考えられます。したがって、就業規則における副業・兼業の禁止・制限規定が

常に有効だとは限らず、たとえ当該規定が有効だとしても、当該規定に違反した労働者を常に懲戒処分にできるとは限りません。

　なお、副業・兼業について許可または届出を条件とする会社も存在します。許可の条件として、業種を制限したり、時間や日数を制限したりすることも考えられます。この場合、会社は副業・兼業の是非を判断することができ、労働者も懲戒処分を恐れず副業・兼業をすることができます。

■ 副業・兼業制限とは

　前述したように副業・兼業を認めることで会社のリスクが高まる場合には、それを制限もしくは禁止することができます。これを副業制限（兼業制限）といいます。反対に、会社へのリスクがないと判断できる場合には、副業・兼業を認める必要があります。

　一般的に、裁判例などにおいて副業・兼業制限を設けることができる理由として、以下のようなものがあります。

① **不正な競業や情報漏えいのおそれがある場合**

　競合他社での就業は、意図するかしないかにかかわらず、本業の会

■ 本業と副業の関係

会社　　　　　　　　　　　　　　　　労働者

【雇用（労働）契約】

業務に従事　本業

・合理的な理由がない限り、副業を制限又は禁止することはできない
・副業制限の形態としては、全面禁止の他、許可制や届出制もある

副業

アルバイト
事業の経営 など

社の機密情報漏えいなど、本業の会社の利益を害するおそれがあります。特に従業員が競合他社への転職や起業の準備として副業・兼業をする場合には、情報漏えいなどのおそれが一層高まります。

② **本業の会社の社会的信用を傷つける場合**

副業・兼業先の会社について、たとえば、反社会的勢力との関連が疑われる会社で働くことは、本業の会社の社会的信用を傷つけるおそれ（会社の名誉・信用の侵害や信頼関係破壊のおそれ）があります。社会的信用を大切にする会社では、従業員がそういった会社で働いていることが公にされると、会社のイメージがダウンして売上が落ち込む可能性があります。

③ **長時間労働などで本業に支障が生じる場合**

副業・兼業をすると、必然的に労働時間が長くなります。そのため、本業中の居眠りが増える、集中力が途切れてミスを頻発するなど、本業へ支障をきたすおそれがあります。さらには、従業員自身の健康を害する可能性もあります。

■ **副業を制限できる場合（公務員を除く）**……………………………

| 原 則 | ➡ | 副業を許可しなければならない |
| 例 外 | ➡ | 一定の場合には、副業を制限または禁止することができる |

> **副業を制限または禁止できる場合の例**
> ①副業・兼業が不正な競業、情報漏えいのおそれがある場合
> ②本業の社会的信用を傷つける場合
> ③過剰な労働により健康を害するなど、本業に悪影響を及ぼすおそれがある

13 「副業・兼業の促進に関するガイドライン」について知っておこう

会社としては労働者の健康管理や情報管理などに留意する

■ ガイドラインにはどんなことが書かれているのか

厚生労働省が作成・公表している「モデル就業規則」においては、かつては、副業・兼業に関する規定は「原則禁止」という形をとっていました。しかし、副業・兼業を希望する人が年々増加傾向にあることから、現在は、モデル就業規則の副業・兼業に関する規定は「原則推進」に改定されています。

さらに、副業・兼業の推進の環境整備を行うために厚労省が作成・公表しているガイドラインが「副業・兼業の促進に関するガイドライン」です。このガイドラインは、企業や労働者が現行の法令の下で留意すべき事項や、副業・兼業を行うためのルールなどを定めると共に、労働者が安心して副業・兼業に取り組むことができるよう、副業・兼業の場合における労働時間管理や健康管理等について示しています。

以下、ガイドラインで示されている副業・兼業における主な考え方について見ていきましょう。

■ 企業がとるべき主な対応

裁判例では、副業・兼業については基本的には労働者の自由であるとされています。そのため、ガイドラインでは、企業は、労働者の希望に応じて、原則として、副業・兼業を認める方向とすることが適当であるとしています。そして、副業・兼業を禁止または一律許可制にしている企業においては、副業・兼業が自社での業務に支障をもたらすものかどうかを今一度精査した上で、そのような事情がなければ、労働時間以外の時間については労働者の希望に応じて原則、副業・兼

業を認める方向で検討することが求められるとしています。

　ガイドラインは、会社が副業・兼業を制限することが許される例として、①労務提供上の支障がある場合、②業務上の秘密が漏洩する場合、③競業により自社の利益が害される場合、④自社の名誉や信用を損なう行為や信頼関係を破壊する行為がある場合などを挙げています。また、ガイドラインは、使用者は、副業・兼業に伴う労務管理を適切に行うために、届出制などによって副業・兼業の有無や内容を確認するためのしくみを設けておくことが望ましいとしています。

・安全配慮義務

　労働契約法5条は、「使用者は、労働契約に伴い、労働者がその生命、身体等の安全を確保しつつ労働することができるよう、必要な配慮をするものとする。」として、使用者に安全配慮義務を課しており、副業・兼業を行う労働者を使用するすべての使用者が安全配慮義務を負うことになります。そこで、ガイドラインは、労働者の全体の業務量や業務時間が過重であることによって労働者の安全や健康に支障が生じないように、企業は一定の配慮や適切な措置を行うべきだとしています。

・労働時間の管理

　副業・兼業を行う労働者を使用するすべての使用者は、労働基準法38条1項の規定により、それぞれ、自らの事業場における労働時間と他の使用者の事業場における労働時間とを通算して管理しなければなりません。ガイドラインは、副業・兼業の日数が多い場合や、自らの事業場と他の使用者の事業場の双方において所定外労働がある場合等においては、労働時間の申告等や通算管理において、労使双方に手続上の負担が伴うことが考えられるとしています。このため、副業・兼業の場合の労働時間管理については、労働時間の申告等や通算管理における労使双方の手続上の負担を軽減し、労基法に定める最低労働条件が遵守されやすくなる簡便な労働時間管理の方法として、「管理モデル」を示しています。

・健康管理

　ガイドラインは、企業が労働者の副業・兼業を認めている場合は、健康保持のため自己管理を行うよう指示し、労働者に心身の不調があれば都度相談を受けることを伝えること、副業・兼業の状況も踏まえて必要に応じて健康確保措置を実施することなど、話し合い等を通じて副業・兼業を行う労働者の健康確保に資する措置を実施することが適当であるとしています。また、副業・兼業を行う者の長時間労働や不規則な労働による健康障害を防止する観点から、働き過ぎにならないように、たとえば、自社での労務と副業・兼業先での労務との兼ね合いの中で、時間外・休日労働の免除や抑制等を行うなど、それぞれの事業場において適切な措置を講じることができるように話し合うことが適当であるなどとしています。

■「副業・兼業の促進に関するガイドライン」の内容‥‥‥‥‥‥

ガイドラインの構成
1　副業・兼業の現状 2　副業・兼業の促進の方向性 3　企業の対応 　⑴ 基本的な考え方　　⑵ 労働時間管理 　⑶ 健康管理　　　　　⑷ 副業・兼業に関する情報の公表について 4　労働者の対応 5　副業・兼業に関わるその他の制度について 　⑴ 労災保険の給付（休業補償、障害補償、遺族補償等） 　⑵ 雇用保険、厚生年金保険、健康保険

【主な内容】
・副業を原則認めること ・労務提供上の支障や企業秘密の漏えいなどがないか確認するために、事前に申請・届出をさせることが望ましい ・副業・兼業先での労働時間、健康状態の把握を行うこと　　　　など

Column

副業・兼業をする労働者がとるべき対応とは

　「副業・兼業の促進に関するガイドライン」によれば、副業・兼業をしようとしている労働者は、まずは就業規則や労働契約などにおいて、勤務先の会社の副業・兼業のルールがどうなっているかを確認し、業務内容や就業時間等が適切な副業・兼業を選択する必要があるとしています。兼業・副業を許可制や一律禁止としている会社もありますので、勤務先のルールを必ず確認しておきましょう。また、ガイドラインは、たとえば労働者が副業・兼業先の求職活動をする場合には、就業時間、特に時間外労働の有無等の副業・兼業先の情報を集めて適切な就職先を選択することが重要であるとしています。

　副業・兼業を行うにあたって、ガイドラインは、過労によって健康を害したり、業務に支障を来したりすることがないよう、労働者が自ら、各事業場の業務の量やその進捗状況、それに費やす時間や健康状態を管理する必要があるとしています。また、他の事業場の業務量、自らの健康の状況等について報告することは、企業による健康確保措置を実効あるものとする観点から有効であるとしています。

　さらに、ガイドラインは、使用者が提供する健康相談等の機会の活用や、勤務時間や健康診断の結果等の管理が容易になるようなツールを用いることが望ましいとし、始業・終業時刻、休憩時間、勤務時間、健康診断等の記録をつけていくような民間等のツールを活用して、自己の就業時間や健康の管理に努めることが考えられるとしています。

　なお、副業・兼業による年間20万円を超える副収入を得た場合には、会社による年末調整ではなく、個人による確定申告が必要になるため、注意が必要です。副業・兼業による年間所得は、原則として収入から必要経費を控除した額によって判断します。

第2章

取引先が下請法の適用を
受ける場合の法律知識

1 下請法とはどんな法律なのか

下請事業者の利益を保護する法律である

どのような法律なのか

下請法（正式には「下請代金支払遅延等防止法」といいます）は、発注者である一定規模の企業と下請取引をした中小企業や個人事業者が、発注者から一方的に下請代金を減額されたり、下請代金の支払を延期されてしまったりすることなどを防ぐ目的で制定された法律です。下請業者となる中小企業や個人事業主は、発注者である一定規模の企業よりも立場が弱い場合が多いため、発注者である企業から不当な扱いを受けた場合、今後の取引継続のために、それに従わざるを得ない立場にあるため、このような弱い立場の下請業者の利益を保護する法律が下請法です。

　下請法は、下請法の適用対象となる下請取引の範囲を、取引当事者の資本金の規模と取引の内容の両面から規定しており、この2つの条件を満たす事業者を下請法の規制対象となる「親事業者」と「下請事業者」としています。

　たとえば、取引の内容が物品の製造・修理委託である場合、①委託を行う事業者のうち資本金が3億円を超える事業者が「親事業者」に該当し、委託を受ける資本金3億円以下の事業者が「下請事業者」に該当する、または、②委託を行う事業者のうち資本金が1000万円を超え3億円以下の事業者が「親事業者」に該当し、委託を受ける資本金1000万円以下の事業者が「下請事業者」に該当する、というように区分されています（67ページ図参照）。

独占禁止法との関係は

　下請法で禁止されている行為の多くは、独占禁止法の優越的地位の濫用の規定によっても禁止されている行為です。

　たとえば、大企業が元請になり中小企業が下請となった場合に、大企業が下請に支払う代金を不当に減額することは優越的地位の濫用に該当します。大企業が、自分の立場が強いことを利用して、中小企業に対して無理な要求をしているので、優越的地位の濫用として独占禁止法によって規制されています。

　しかし、優越的地位の濫用に関する規定は抽象的であって、どのような行為が優越的地位の濫用に該当するのかわかりにくいという欠点があります。これに対して、下請法では、元請から下請に対するどのような要求が禁止されるのかについて具体的に示されています。

下請法が適用されるのはどのような場合か

　下請法が適用される取引は、大きく分けて、「製造委託」「修理委託」「情報成果物の作成委託」「役務の提供委託」の４種類です。そして、規模が大きい企業を注文者、規模が小さい企業を請負人として、これらの委託契約が締結される場合に、下請法が適用されます。

■ 下請法とは ……………………………………………………………

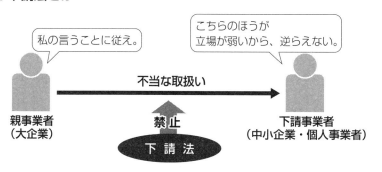

2 下請法の規制対象となる取引や事業者とは

事業者の資本金の規模と取引の内容によって下請法の対象となる

■ 下請法の適用対象となる取引は4類型ある

　下請法の適用を受ける取引は、製造委託、修理委託、情報成果物の作成委託、役務の提供委託の4種類の委託取引です。

　製造委託とは、ある事業者が他の事業者に対して、製品の規格、形状、デザインなどを指定して、物品（動産を指します）、半製品、部品、原材料、金型の製造を委託することです。

　修理委託とは、事業者が業務として請け負う物品の修理を他の事業者に委託することです。

　情報成果物の作成委託とは、情報成果物（映像、デザイン、ソフトウェアなど）の提供・作成を行う事業者が、その情報成果物の作成を他の事業者に委託することです。

　役務の提供委託とは、事業者が業務として行っている役務提供の一部を他の事業者に委託することです。

■ 下請法の適用対象となる親事業者と下請事業者

　製造委託契約・修理委託契約を締結しているか、または情報成果物の作成委託契約・役務の提供委託契約を締結しているかによって、原則として下請法の適用対象となる親事業者と下請事業者の範囲が異なります。まず、①製造委託・修理委託及び政令で定める情報成果物の作成委託・役務の提供委託を行う場合について説明します。資本金の総額が3億円を超える事業者が、資本金が3億円以下の事業者に対して①の委託をする場合に、前者の事業者が親事業者として規制され、後者の事業者が下請事業者として保護されます。また、資本金の総額

が1000万円を超えて３億円以下の事業者が、資本金が1000万円以下の事業者に対して①の委託をする場合に、前者の事業者が親事業者として規制され、後者の事業者が下請事業者として保護されます。

次に、②情報成果物の作成委託・役務の提供委託（①の政令で定めるものを除く）を行う場合について説明します。資本金が5000万円を超える事業者が、資本金が5000万円以下の事業者に対して②の委託をする場合に、前者の事業者が親事業者として規制され、後者の事業者が下請事業者として保護されます。

また、資本金の額が1000万円を超え5000万円以下の事業者が、資本金が1000万円以下の事業者に対して②の委託をする場合には、前者の事業者が親事業者として規制され、後者の事業者が下請事業者として保護されます。

なお、業務の執行について親事業者である会社Aから支配を受けている会社Bが、会社Aから請け負った事業を別の会社Cに再委託する場合には、会社Bは親事業者（みなし親事業者）だとみなされます。これをトンネル会社規制と呼ぶことがあります。

■ 下請法上の親事業者・下請事業者に該当する場合 ……………

対象となる取引	親事業者	下請事業者
物品の製造・修理委託及び政令で定める情報成果物作成・役務提供委託を行う場合	資本金３億円超 ⟶	資本金３億円以下
	資本金1000万超３億円以下 ⟶	資本金1000万円以下
上記の情報成果物作成・役務提供委託を除く情報成果物作成・役務提供委託を行う場合	資本金5000万円超 ⟶	資本金5000万円以下
	資本金1000万円超5000万円以下 ⟶	資本金1000万円以下

※下請事業者には個人事業者（個人として業務を行う者）を含む

3 親事業者の義務

下請法は親事業者に４つの義務を課している

■ 親事業者にはどんな義務が課されているのか

　下請法は、下請事業者が親事業者による行為により不当な不利益を受けないように、親事業者に対してさまざまな義務を課しています。具体的には、①契約内容を記載した書面の交付義務、②下請代金の支払期日を定める義務、③書類を作成・保存する義務、④遅延利息の支払義務があります。以下の項目では、親事業者が負っている義務の内容について、見ていきます。

①　書面の交付義務

　親事業者には、製造委託等（製造委託、修理委託、情報成果物の作成委託、役務の提供委託）をした場合、直ちに、下請事業者に対し、下請事業者の給付の内容、下請代金の額、下請代金の支払期日・支払方法などの事項を記載した書面（「３条書面」と呼ばれます）を直ちに交付する義務があります（98ページ）。

②　下請代金の支払期日を定める義務

　親事業者には下請代金の支払期日を定める義務があります。この期日は、下請事業者から給付を受領した日や役務の提供があった日から起算して60日以内のできる限り短い期間内で定める義務があります。

　下請代金の支払期日を定めなかった場合には、親事業者が下請事業者から物品等や情報成果物を受領した日または下請業者が役務の提供をした日が支払期日とみなされます。受領した日や役務の提供をした日から起算して60日が経過した日以降を支払期日と定めた場合には、受領日から起算して60日を経過した日の前日が支払期日とみなされます。

③ 書類の作成・保存義務

　親事業者には、下請事業者と製造委託等の契約を締結した場合に、下請事業者が親事業者に給付した物品や、下請代金の額などを記載した書類（「5条書類」と呼ばれます）を作成し、2年間保存する義務があります。下請業者との下請取引に関するトラブルが生じることを防止し、行政機関による親事業者の検査の迅速・正確さを確保するために、親事業者には5条書類の作成と保存が義務付けられています。

④ 遅延利息の支払義務

　下請代金の支払遅延があった場合、親事業者は、下請事業者に対し、下請事業者からの給付を受領した日や役務の提供があった日から起算して60日を経過した日から支払をする日までの期間について、年14.6％の遅延利息を支払う必要があります。親事業者と下請事業者の間で「親事業者が製品を受け取った日から起算して20日以内に、親事業者から下請事業者に代金の支払いを行う」と契約していたとしても、年14.6％の遅延利息は、親事業者が製品を受け取ってから60日を経過した日から発生します。

■ 親事業者に課されている義務 ……………………………………

①給付の内容や下請代金の額などを記載した書面を交付する

➡ 発注する際直ちに交付しなければならない

②下請代金の支払期日を定める

➡ 給付を受領した日または役務の提供があった日から起算して60日以内

③書類を作成・保存する

➡ 怠った場合には50万円以下の罰金

④下請代金の遅延があった場合には遅延利息を支払う

➡ 給付を受領した日または役務の提供があった日から起算して
　60日が経過した日から年14.6％の遅延利息の支払義務が生じる

親事業者の禁止行為

下請法上の親事業者の禁止行為には11項目がある

親事業者の禁止行為は11項目ある

下請法では、親事業者に対し11項目の行為を禁止しています。ここでは11項目の禁止行為について簡単に紹介します。

① 親事業者が下請業者に委託を行い、下請業者が親事業者に製品などの給付をした場合には、親事業者が下請事業者からの給付の受領を拒絶することは禁止されています。

② 下請代金の支払いを遅延することは禁止されています（支払遅延の禁止）。親事業者は、下請事業者から給付を受領した日から起算して60日以内の支払期日に下請代金を全額支払う必要があります。

③ 親事業者が、下請事業者に責任がないにもかかわらず、発注時に決められた代金を減額することは禁止されています。

④ 下請事業者に責任がないにもかかわらず、親事業者が下請事業者から受け取った製品などを返品することは禁止されています。

⑤ 親事業者と下請事業者との間で下請代金を決定する際に、類似する契約と比べて著しく低い額を下請代金として決定することは禁止されています。

⑥ 正当な理由がある場合を除き、親事業者が指定する製品などを下請事業者に購入させたり、下請事業者にサービス（役務）を利用させて対価を支払うようにする旨を強制することは禁止されています。

⑦ 親事業者が不当に下請代金の支払いを遅延したり、下請代金の減額を行い、その事実を下請事業者が公正取引委員会や中小企業庁に報告した場合に、親事業者が下請事業者に報復としてその下請事業者との取引を停止したり、取引数量を削減するなどの不利益な取扱

いをすることは禁止されています。

⑧　親事業者が、下請業者の給付に必要な半製品や部品、附属品又は原材料を有償で自己から購入させた場合に、下請業者に責任がないにもかかわらず、この有償で支給した原材料などを用いる給付に対する下請代金の支払期日より早い時期に、その原材料などの全部又は一部の対価を下請け業者に支払わせたり、相殺したりすることは禁止されています。

⑨　親事業者が下請事業者に下請代金を支払う際に、金融機関での割引が困難な手形を用いて支払いをすることは禁止されています。

⑩　親事業者が下請事業者に対して、自己のために金銭や役務その他の経済上の利益を提供させることは禁止されています。

⑪　親事業者が、下請事業者に責任がないにもかかわらず、親事業者自ら費用を負担することなく、下請事業者の給付の受領前にその給付の内容を変更させたり、給付の受領後または役務の提供があった後に下請事業者に給付のやり直しをさせたりすることは禁止されています。

■ 親事業者の禁止行為 ･･････････････････････････････････････

禁止行為	
①受領を拒否する行為 ②下請代金の支払を遅延すること ③下請代金を減額すること ④返品すること ⑤買いたたきをすること ⑥物の購入やサービスの利用を 　強制すること	⑦報復措置をすること ⑧有償支給原材料等の対価を早期 　決済すること ⑨割引困難な手形を交付すること ⑩不当な経済上の利益の提供を 　させること ⑪不当に給付内容を変更させることや、 　やり直しをさせること

5 受領拒否

■ 受領拒否とは

　下請事業者に責任がないにもかかわらず、親事業者が下請事業者からの給付を拒むことを受領拒否といいます。

　受領とは、親事業者が製品などの検査をするかどうかにかかわらず、下請事業者が給付した物を受け取ることをいいます。

　下請事業者は、親事業者から規格やデザインなどを指定されて製品の製造をしています。下請事業者が製品の給付をした際に親事業者に受領を拒まれてしまうと、その製品を他の企業に転売することができないので、下請事業者は不良在庫を抱えることになります。また、親事業者の倉庫が満杯で、これ以上製品が保管できないというような場合にも、親事業者による受領拒否が行われます。

　しかし、このような受領拒否は、親事業者の都合を一方的に下請事業者に押し付けるもので、下請事業者は不当な不利益を被ることになります。そのため、親事業者による受領拒否は、下請法によって禁止されています。

■ 製品や情報成果物の受領について

　親事業者が下請事業者に製品の製造を委託した場合であれば、下請事業者から完成した製品を受け取ることが受領になります。これに対して、情報成果物の作成を委託した場合には、情報を記録した媒体があるときはその媒体を親事業者が受け取ることにより、媒体がないときは情報自体を親事業者が受け取ることにより、受領が行われます。

■ 「責に帰すべき理由」について

　親事業者が下請事業者からの給付の受領を拒否することは禁止されていますが、下請事業者に「責めに帰すべき理由」（落ち度）があれば、受領を拒否することが許されます。このときは、下請事業者に対し、民法が定める債務不履行（欠陥や数量不足などの不適合）に基づいて、製品の修理や交換、損害賠償を請求することも可能です。

　たとえば、下請事業者が事前に親事業者との間で合意していた規格（契約内容）とは異なる製品を製作した場合や、製品に欠陥がある場合には、下請事業者に落ち度があるので、親事業者は給付の受領を拒むことができます。しかし、下請事業者に「責めに帰すべき理由」があるかどうかの判断は厳格に行われるので、裁判所は、簡単には下請事業者に「責めに帰すべき理由」があるとの認定を行いません。たとえば、契約書や３条書面などの中に明確に記載されていない事柄について親事業者と下請事業者との間で争いになった場合には、親事業者による勝手な解釈を根拠にして受領を拒否することはできません。

■ 無理に短縮した納期の設定

　親事業者が下請事業者に強要して、無理に短縮した納期を設定した場合には、納期に製品などを完成することができなかったとしても、親事業者は、納期に遅れて提供された製品などの受領を拒否することはできません。

■ 製品の受領を拒むことができる場合 ……………………………………

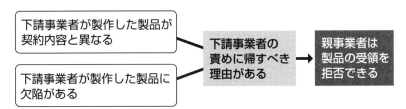

納期については、原則としては親事業者と下請事業者の合意によって自由に決めることができます。しかし、立場が弱い下請事業者は、親事業者の強硬な主張があった場合には、製品などの完成が困難であっても親事業者が指定する納期で仕事を受けざるを得ません。親事業者が無理に短縮した納期を設定したために、下請事業者が納期に遅れて製品などを完成させたとしても、下請事業者に「責めに帰すべき理由」がないので、親事業者は下請事業者からの製品などの受領を拒むことはできません。

■期日前の受領を親事業者は強制されない

　下請事業者は、特に期日前に製品が完成した場合には、自社の倉庫を空けておきたいといった理由から、親事業者に対して期日前に製品を受領するよう要請することがあります。下請事業者としては、親事業者に期日前に受領してもらうことで、倉庫内の物品などを減らし、スムーズに事業活動ができるようになります。

　このような下請事業者の要請に対して、親事業者が応じる義務はありません。親事業者の倉庫が満杯の場合には、下請事業者から納入された製品を倉庫で保管することができず、親事業者が不利益を被ってしまいます。事前に設定した期日前であれば、親事業者は製品を受領しなくても下請法に違反しません。もっとも、下請事業者から期日前に受領することを要請された場合に、親事業者が任意に下請事業者からの製品の給付を受領することはできます。

　ただし、親事業者は、下請事業者から製品を受領する場合には、下請代金の支払期日に注意する必要があります。下請代金は、下請事業者から製品などを受領した日から起算して60日以内に支払う必要があります。そのため、事前に設定した期日より早く製品を受領することで、事前に設定した支払期日が製品受領の日から起算して60日を超えてしまう場合には、下請代金の支払期日が早まることになります。

このような場合に、下請代金の支払期日を事前に設定した日から変更したくないときは、仮受領という方法を用いることができます。

■ 発注の取消しが受領拒否にあたることもある

下請事業者に「責に帰すべき理由」（落ち度）がないのに、親事業者が発注を取り消して、発注時に定められた納期に下請事業者の給付の全部または一部を受け取らないことは、下請法によって禁止されている受領拒否に該当します。そのため、下請事業者に落ち度がなければ、親事業者は発注を取り消して、納期に下請事業者から給付された製品等の受領を拒むことはできません。

たとえば、B社（親事業者）がA社（下請事業者）に製造を発注した部品について、発注書記載の契約内容をA社の落ち度がないのに取り消すことは、後述する不当な給付内容の変更に該当します。そして、その部品をA社が納入した場合に、B社がA社の落ち度がないのに受領を拒むことが受領拒否に該当します。

■ 支払期日前の製品などの受領 ･････････････････････････

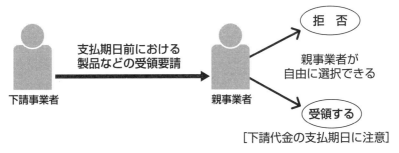

6 支払遅延

支払遅延が生じたときは遅延利息を支払う必要がある

どんな場合が考えられるのか

　親事業者が、下請事業者の都合を考えずに、下請代金の支払いを怠るケースが多々あります。下請事業者は、製品を親事業者に納入したら、早く下請代金を支払ってほしいと考えます。しかし、親事業者が下請代金の支払いを遅延したとしても、立場の弱い下請事業者は親事業者の支払の遅延を認めるしかありません。このように下請事業者が不利益を被ることを防ぐために、親事業者による支払遅延が禁止されています。

支払遅延の禁止とは

　親事業者は、下請事業者から製品などを受領した日から起算して60日以内に定める支払期日に下請代金を支払う必要があります。支払期日までに親事業者が下請事業者に代金を支払わなければ、下請事業者は資金繰りに窮してしまいます。そのため、親事業者による支払遅延は禁止されています。

支払期日は60日以内とする

　下請代金の支払期日は、親事業者が下請事業者から製品などを受領した日から起算して60日以内とする必要があります。

　本来であれば、代金の支払期日は親事業者と下請事業者の合意によって自由に決めることができます。しかし、下請代金の支払期日を相当に遠い未来の日とするという親事業者の意向があった場合、立場の弱い下請事業者は、親事業者の意向を無視することはできません。

そのため、下請代金の支払期日は、親事業者が下請事業者から製品などを受領した日から起算して60日以内に設定する必要があります。もし親事業者と下請事業者との間で、製品などを受領した日から起算して60日を経過した以降の日を支払期日とするという合意がなされたとしても、支払期日は親事業者が製品などを受領した日から起算して60日目になります。

■ 60日以内に支払われない場合には

親事業者が、下請事業者から製品などを受領した日から起算して60日以内に下請代金を支払わなければ、60日を経過した日から年14.6％の遅延利息が付されます。

年14.6％の遅延利息がつく日と支払期日は別になります。たとえば、親事業者が下請事業者から製品などを受領した日から起算して40日目を下請代金の支払期日としたが、親事業者が下請代金の支払いを怠っているとします。この場合には、親事業者が下請事業者から製品などを受け取って40日を経過した時点で支払期日が過ぎるので支払遅延となり、60日を経過した時点で年14.6％の遅延利息が付されます。41日目から60日目の間は法定利率によって遅延利息が付されるのが原則です。

■ 支払遅延についての規制 ……………………………………………

親事業者が下請事業者から製品を受領した日。

親事業者の製品受領から起算して60日目が支払期日となる。

契約では製品受領後から起算して70日目に支払期日を定める。

7 下請代金の減額

下請事業者の同意があっても減額してはいけない

どんな場合を想定しているのか

　親事業者が発注時に合意した下請代金を減額することは、たとえ下請事業者の同意があったとしても禁止されています。

　発注時には必要だった製品が、時間の経過と共に不要になってしまうというケースがあります。しかし、親事業者の都合によって下請代金が減額されてしまうと、下請事業者は不利益を被ってしまいます。下請代金の減額に応じたくない場合であっても、下請事業者は親事業者と比べて弱い地位にあるので、親事業者からの要求を受け入れざるを得ません。そのため、下請法では親事業者が発注時に合意した下請代金の額を減額することが、原則として禁止されています。

下請事業者の責に帰すべき理由とは

　親事業者は、「下請事業者の責に帰すべき理由」がある場合には、下請代金を減額することができるという例外があります。

　たとえば、下請事業者が製作した製品に欠陥があったり、決められた期日に製品が納入されなかったりした場合（納期遅れ）などは、下請事業者に「責に帰すべき理由」が認められ、親事業者は下請代金を減額することができます。このような場合には、下請事業者に落ち度があるのですから、下請代金を減額できずに親事業者が損害を被ってしまうのは不当だといえるからです。しかし、納期遅れであっても、親事業者からの原材料や部品などの支給の遅れや、親事業者による無理な納期指定が原因であるときは、下請事業者の「責に帰すべき理由」にあたらないので、下請代金の減額は許されません。

代金の額を減ずるとは

「代金の額を減ずる」とは、当初契約していた下請代金の支払額を減少させることになるすべての親事業者の行為をいいます。

たとえば、下請事業者との合意がない状態で、下請事業者の口座に下請代金を支払う際に、振込手数料を差し引くことは下請代金の減額になります。また、消費税分を下請代金から差し引くことも、下請代金の減額になります。さらに、下請代金の支払総額を変更せず、下請業者に製作させる製品の数量を増加させることも下請代金の減額になります。下請代金を減額しない場合であっても、下請事業者が製作する数量が増加すれば、下請事業者の負担は増加するため、実質的に見れば下請代金の支払額が減少することになるからです。

下請事業者の同意がある場合には減額ができるのか

下請事業者の同意があったとしても、下請法上、下請代金の減額は許されません。下請代金を減額することができるのは、前述した「下請事業者の責に帰すべき理由」がある場合だけです。

たとえば、親事業者が下請事業者に継続的に製品の製造を委託する関係にあり、親事業者と下請事業者との間の取引額に一定率を掛けた金額を下請事業者は親事業者に協賛金として支払う、という内容の契約を締結し、下請代金から協賛金が差し引かれていたとすると、それ

■ 下請代金の減額にあたる場合 ……………………………………………

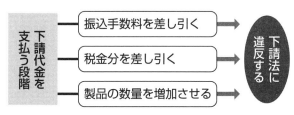

は下請代金の減額に該当します。下請事業者は協賛金を差し引くことについて同意していますが、下請事業者の同意とは関係なく親事業者による下請代金の減額は許されないことに注意が必要です。

　ただし、ボリュームディスカウントなどの合理的な理由に基づく割戻金は、あらかじめ下請事業者との合意があり、その合意の内容が書面化されており、当該書面における記載と３条書面に記載されている下請代金の額と合わせて実際の下請代金の額とすることが合意されており、かつ、３条書面と割戻金の内容が記載されている書面との関連付けがなされている場合は、下請代金の減額にあたりません。

　前述の例では、親事業者が大量に製品の製造を委託することで、下請事業者が製品の製造コストを削減できるのであれば、下請事業者との間で合意し、この合意内容を書面化することで、コスト削減分を割戻金とすることが許されます。これにより、親事業者は下請代金から割戻金を相殺した残額を支払うことができるため、この場合は事実上の下請代金の減額が許されるといえます。

■ 下請法に違反する場合の効力

　下請事業者の同意を得ず、親事業者が一方的に下請代金の減額を行った場合には、下請事業者は減額された分の下請代金を親事業者に対して請求することができます。親事業者が製品を受領した日から起算して60日を超えている場合には、下請事業者は年14.6％の遅延利息も請求できます。

　一方、親事業者と下請事業者が合意をして下請代金を減額した場合、民法上は、下請代金の減額幅があまりに大きく、公序良俗に反する場合に限り、その合意が無効となって下請事業者の親事業者に対する減額分の支払請求が可能になると考えられます。

　しかし、下請事業者の帰責事由がある場合を除き、合意による下請代金の減額も下請法違反であることから、下請事業者の親事業者に対

する減額分の支払請求が可能となると共に、公正取引委員会の勧告の対象となります。よって、親事業者は合意の有無を問わず、下請代金の減額を行うべきではありません。

たとえばどんな場合があるのか

下請代金の減額に該当するとして、下請法によって禁止される一例を紹介します。たとえば、下請事業者の要請によって、手形ではなく現金での支払いに移行した場合に、手形期間の金利相当分を超える金額を差し引くことは、下請法によって禁止される下請代金の減額に該当します。

また、下請事業者に発注するにあたり、親事業者が子会社を介して下請業者に発注を行い、子会社を介していることの手数料を下請金額から差し引くことも、下請法によって禁止される下請代金の減額に該当します。親事業者が自社の利益を確保する必要性があることを理由として、下請事業者に支払う下請金額を減少させることは、下請法によって禁止されています。

■ 違反する場合の効力 ……………………………………………

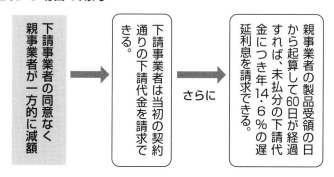

下請事業者の同意なく親事業者が一方的に減額

→

下請事業者は当初の契約通りの下請代金を請求できる。

さらに

親事業者の製品受領の日から起算して60日が経過すれば、未払分の下請代金につき年14・6％の遅延利息を請求できる。

8 返品の禁止

■ どんな場合を想定しているのか

親事業者が、下請事業者から製品などの給付を受けた後に、下請事業者の責めに帰すべき理由（落ち度）がないにもかかわらず、その製品などを返品することは禁止されています。

親事業者による下請事業者への返品が認められるのは、「下請事業者の責に帰すべき理由」がある場合のみです。

下請事業者の責めに帰すべき理由がないにもかかわらず、親事業者が返品を行い、親事業者に未払いの下請代金がある場合には、下請事業者は未払いの下請代金を請求することができます。

■ 受領拒否の禁止とはどう違う

返品の禁止は受領拒否の禁止と異なります。受領拒否の禁止とは、下請事業者から製品などの給付があった場合に、親事業者が給付を受け取らないことを禁止するものです。これに対して、返品の禁止とは、親事業者が下請事業者から製品などの給付を受けた後に、その製品などの下請事業者への返品を禁止することをいいます。

下請事業者の責任で納品が遅れれば、納期に遅れたという下請事業者の責めに帰すべき事由を理由として、下請事業者からの製品などの受領を拒絶することは可能です（親事業者による無理な納期指定があった場合を除く）。しかし、下請事業者の責任で納期に遅れていたとしても、親事業者が下請事業者からの給付を受け取れば、親事業者は下請事業者の給付が納期に遅れていた事実を受け入れたことになります。その後に態度を翻し、納期に遅れたことを理由として、製品な

どを下請事業者に返品することはできません。

■ 受領後６か月以内なら返品可能なのか

　親事業者が下請事業者から製品を受け取る際には検査を行うのが通常です。この検査で不適合（欠陥や数量不足など）を発見して不合格とした製品は、直ちに下請事業者へ返品する必要があります。検査によって製品の不適合を発見し、すぐに返品することが可能であれば、直ちに返品しないと、後から不適合を理由とする返品はできなくなります。

　また、製品について直ちに発見することが難しい不適合があり、その不適合が後に発見された場合には返品が可能ですが、親事業者が下請事業者から製品を受領してから６か月経過したときは返品できなくなります。

　さらに、検査を下請事業者に文書によって明確に委託している場合で、下請事業者の明らかな検査ミスにより合格扱いとなっていたときは返品が可能ですが、親事業者が製品を受け取ってから６か月経過したときは返品できなくなります。

■ 返品の禁止と受領拒否の禁止との違い ……………………………

受領拒否の禁止

注文を受けて製作した製品をもってきました。

受け取りたくありません。

下請事業者　　　　　　　　　　　　　　　　　　親事業者

返品の禁止

注文を受けて製作した製品は親事業者に引渡し済みです。

すでに受け取っている製品を返します。

下請事業者　　　　　　　　　　　　　　　　　　親事業者

9 買いたたき

■ 買いたたきとは

買いたたきとは、親事業者が下請事業者に対して、通常の対価と比べて著しく低い価格で発注することをいいます。たとえば、原材料の価格が高騰したため、下請事業者が単価引上げを求めたにもかかわらず、一方的に単価を据え置くことは買いたたきに該当します。買いたたきの禁止は、親事業者が下請事業者よりも立場が強いことを利用して、不当に低い下請代金で下請事業者に発注することを防ぐための規定です。これに対して、下請代金の減額の禁止は、いったん決まった下請代金の減額を禁ずることです。

■ どのような基準で判断されるのか

買いたたきに該当するかどうかは、下請事業者に「通常支払われる対価」と比べて、親事業者が「著しく低い下請代金の額を不当に定め」ているかどうかで判断します。

下請事業者に「通常支払われる対価」とは、同種または類似の取引をする場合の一般的な取引価格のことをいいます。下請事業者が活動している取引地域や業種から、通常どれくらいの価格で取引が行われているかを判断します。

親事業者が「著しく低い下請代金の額を不当に定め」ているかどうかは、通常の対価とどれくらい差があるか、原材料の価格、親事業者と下請事業者が価格について十分な協議を行ったかといった事情を考慮して判断します。特に、親事業者と下請事業者が十分な協議を行っていたかどうかという点は重要です。

■ 下請代金が著しく低い場合は

　買いたたきを行うと、公正取引委員会から勧告が行われます。親事業者としては、下請事業者と十分な協議を行い、下請事業者に不当な不利益を与えない価格設定をする必要があるといえます。

■ 履行しない場合には債務不履行となるのか

　親事業者から下請代金を著しく安くするよう求められたとしても、個別の契約を締結していなければ、製品の製造などを行う必要はありません。契約を締結していない以上、下請事業者は何の債務も負っていないので、債務不履行にはなりません。しかし、個別の契約を締結した場合には、その契約の締結に際して親事業者による買いたたきがあったとしても、契約通りに履行しなければ債務不履行責任を問われる可能性があります。

■ 買いたたきに該当するかどうか ………………………………

(例) 原材料の価格が高騰したため、下請事業者が単価引上げを求めたにもかかわらず、一方的に単価を据え置く

下請事業者に **通常支払われる対価** と比べて、親事業者が
著しく低い下請代金の額を不当に定めているかどうか で判断

考慮される判断要素
・通常の対価とどれくらい差があるか
・原材料の価格、親事業者と下請事業者が価格について
　十分な協議を行ったか

10 購入・役務の利用強制

■ どんな場合なのか

親事業者が下請事業者に対して、正当な理由がないのに、親事業者の指定する商品を購入させ、または役務を利用させることは下請法によって禁止されています。

親事業者は、下請事業者と比較して強い立場にあります。親事業者が商品の購入や役務の利用を下請事業者に強要すれば、下請事業者は親事業者に指定された商品を購入し、または役務を利用せざるを得ません。しかし、下請事業者からすれば、不要な商品の購入や役務の利用を余儀なくされたことになるので、無用な出費となってしまいます。

そのため、親事業者が下請事業者に、自己の指定する商品を購入させ、または役務を利用させることは、原則として禁止されています。

■ 自己の指定する物や役務とは

「自己（親事業者）の指定する物」は親事業者や親事業者の子会社が販売している物はもちろん、第三者が販売している物であっても親事業者が指定する物はすべて含まれます。物の種類も、動産・不動産を問わず、親事業者が指定した物であれば「自己の指定する物」にあたります。

「自己（親事業者）の指定する役務」も同じように考えます。親事業者だけではなく、第三者が提供しているサービスであっても、親事業者が指定したサービスであれば「自己の指定する役務」にあたります。役務の内容も限定がなく、他人のために行うサービスなど一切のものが含まれています。

たとえば、親事業者が、取引価格への消費税率引上げ分の上乗せを受け入れる代わりとして、下請事業者に対し、①親事業者が指定するパソコンを購入させることは「自己の指定する物」の購入強制にあたり、②親事業者が指定するディナーショーに出席させることは「自己の指定する役務」の利用強制にあたります。

■ 強制して購入・利用させるとは

　「強制して」物を購入させ役務を利用させるとは、下請事業者の自由な意思に反して物を購入させたり役務の提供を受けさせたりすることです。たとえば、取引をする条件として物を購入させたり、物を購入しなければ取引を停止すると脅したりすることは「強制して」物を購入させることになります。また、親事業者の立場が強ければ、単に親事業者が下請事業者に物の購入を要求するだけでも、強制して物を購入させることになる場合もあります。

　なお、正当な理由があれば、下請事業者に物を購入させ、または役務の提供を受けさせることは許されます。たとえば、製品の品質を維持するために、親事業者が下請事業者に特定の原材料を購入させる場合などが、正当な理由があるときに該当します。

■ 購入・役務の利用強制のイメージ ………………………………………

親事業者

商品Aを
買ってください。

下請事業者

**商品Aを
販売**

商品Aなんかいらないが、
親事業者の指示だから買うしかない。

⑪ 有償支給原材料等の対価の早期決済の禁止

下請事業者の資金繰りを苦しめてはいけない

■早期決済はなぜ禁止されるのか

　製品の製造の際に、下請事業者が親事業者に対価を支払って入手する原材料などを有償支給原材料等といいます。親事業者が下請事業者に有償で製品の原材料などを支給し、それをもとに下請事業者が製品を製造する場合に、下請事業者の責めに帰すべき理由がないのに、下請代金の支払期日より前に、親事業者が原材料費などの全部または一部を下請事業者に支払わせることは、原則として禁止されています。

■どのような行為が禁止されるのか

　通常は、下請事業者から親事業者への原材料費の支払い・精算については、親事業者から下請事業者に対して支払われる下請代金との相殺により行われます。そこで、有償支給原材料等の対価の早期決済の禁止との関係で、原材料費と下請代金との相殺が規制されるパターンについて説明します。

　たとえば、4月1日に親事業者と下請事業者が製品の製造委託契約を締結し（契約Aとします）、契約Aに基づき、親事業者が原材料を下請事業者に販売し、下請代金の支払期日は6月1日に設定したとします。その後、5月1日に親事業者と下請事業者の間で別の製品の製造委託契約を締結し（契約Bとします）、契約Bに基づき、親事業者が下請事業者に原材料を販売し、下請代金の支払期日は7月1日に設定したとします。

　このとき、契約Bに基づいて下請事業者が支払う原材料費を、契約Aに基づいて親事業者が6月1日に支払う下請代金から差し引くこと

はできません。契約Bの下請代金の支払期日（7月1日）が到来していないからです。これに対し、契約Aに基づいて下請事業者が支払う原材料費を、契約Aに基づいて親事業者が6月1日に支払う下請代金から差し引くことは許されます。契約Aの下請代金の支払期日（6月1日）が到来しているからです。

■ 下請事業者の責に帰すべき理由があれば別

　下請事業者の責めに帰すべき理由があれば、下請代金の支払期日前であっても、原材料費を下請事業者に支払う金銭の中から差し引くなどして、早期決済をすることができます。

　たとえば、下請事業者が、親事業者から支給された原材料を傷つけたり紛失したりしたために納入すべき物品の製造が不可能となった場合や、不良品を製造した場合には、下請事業者の責めに帰すべき理由があることになります。

　このような下請事業者の行為がなされると、取引の中での下請事業者を保護すべき程度が下がるので、親事業者による有償支給原材料等の対価の早期決済が許されます。

■ 有償支給原材料等の対価の早期決済の禁止のイメージ ············

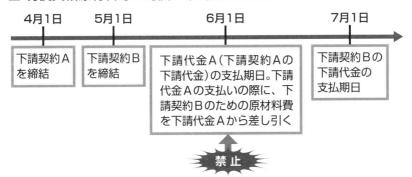

12 報復措置の禁止・割引困難な手形の交付の禁止

通報されても報復してはいけないことや手形での支払いの注意点をおさえる

■ 報復措置とは

報復措置とは、親事業者が支払遅延や下請代金の減額など下請法上禁止されている行為を行い、そのことを下請事業者が公正取引委員会や中小企業庁に報告したことを理由に、親事業者が下請事業者に対して、取引数量の制限や取引停止などの不利益を与えることです。このような親事業者による下請事業者に対する報復措置（仕返し行為）は、下請法によって禁止されています。これに対し、単に親事業者が下請事業者に対して不利益を与える行為は、下請法が禁止している報復措置には該当しません。

しかし、報復措置に該当しないとしても、親事業者が下請事業者に不利益を与える行為は下請法によって規制されているものが多いので注意が必要です。たとえば、親事業者が注文した物品などの受領を拒むことは受領拒否として、親事業者が下請代金を60日以内の定められた支払期日までに支払わなかった場合には支払遅延として、親事業者が契約締結後にあらかじめ定めた下請代金を減らすことは下請代金の減額として、それぞれ下請法によって禁止されています。

■ 割引困難な手形を交付することを禁止する理由

下請代金の支払いにつき、一般の金融機関による割引が困難な手形を交付して、下請事業者の利益を不当に害することは下請法によって禁止されています。親事業者が下請事業者に割引困難な手形を交付したことだけでなく、それにより下請事業者の利益が害されたときに、親事業者は下請法による規制を受けます。親事業者が、割引が困難な

手形を用いて下請代金の支払いをすると、下請事業者が支払期日に金銭を入手できず、下請事業者が不利益を受ける可能性があります。そのため、割引困難な手形による下請代金の支払いは禁止されています。

　手形が割引困難かどうかについて、平成28年12月に公正取引委員会と中小企業庁が発出した「下請代金の支払手段について」（旧通達）では、下請代金の支払に係る手形等のサイトについては、繊維業90日以内、その他の業種120日以内とすることは当然として、段階的に短縮に努めることとし、将来的には60日以内とするよう努めることとされていました。その後、令和３年３月に旧通達が見直され、下請代金の支払に係る手形等のサイトについては60日以内とすることとされました。もっとも、新型コロナウイルス感染症による現下の経済状況を踏まえつつ、おおむね３年以内をめどとして、可能な限り速やかに実施すること、という留保がつけられています。

■ **割引困難な手形による下請代金の支払い** ……………………………

手形の割引が困難な手形で下請代金を支払うと…
⇒ 下請事業者が支払期日に金銭を入手できず、下請事業者が不当な
　不利益を受ける可能性がある

割引困難な手形による下請代金の支払いは禁止されている

● **下請代金の支払手段についての見直し**
　⇒ 下請代金の支払に係る手形等のサイトについては、60日以内と
　　すること
● **親事業者が下請事業者に割引困難な手形を交付し、下請事業者の**
利益が害されたとき
　⇒ 親事業者は下請法による規制を受ける

13 不当な経済上の利益の提供要請の禁止

下請事業者に対し金銭の提供などをさせてはいけない

■ 不当な経済上の利益の提供要請とは何か

　親事業者が下請事業者に対して、販売協力金といった名目で金銭を提供させることは不当な経済上の利益の提供要請に該当します。金銭の提供ではないような場合、たとえば、下請事業者の従業員を親事業者の下で働かせるようなケースなど、役務を提供させることも不当な経済上の利益の提供要請になります。

　下請法は、親事業者が自己のために、下請事業者に金銭や役務などの経済上の利益を提供させ、下請事業者の利益を不当に害することを禁止しています。

　親事業者が下請代金を減額することは、下請代金の減額の禁止として規制されています。これに対して、不当な経済上の利益の提供要請の禁止とは、親事業者と下請事業者との間で請負契約が締結されているかどうかは関係なく、親事業者が下請事業者に経済上の利益を提供させることを禁止することです。たとえば、親事業者が委託取引先の登録制を採用している場合に、登録をした下請事業者に対し、協定料などと称して現金の提供を要請することが禁止されます。

■ どんな要件があるのか

　親事業者が、自己のために下請事業者から経済上の利益を提供させ、下請事業者の利益を不当に害することが、下請法によって禁止されています。

　「自己のために」とは、親事業者に直接利益を提供させる場合はもちろん、親事業者の関連会社に利益を提供させることも含まれます。

「経済上の利益」とは、その種類を問わず、下請代金とは別個の金銭や役務といった経済的利益を伴うすべてのものが含まれます。代表的なものは協賛金の支払いや従業員の派遣です。

「下請事業者の利益を不当に害する」とは、下請事業者にとって利益にならないことをいいます。通常は、下請事業者が親事業者に金銭等を提供しても、下請事業者の利益にはなりません。下請事業者が親事業者に金銭などを提供すれば、原則として下請事業者の利益を不当に害するものと判断されます。

■ どんな効果があるのか

不当な経済上の利益の提供要請の禁止に違反した場合には、公正取引委員会が下請事業者の利益を守るための勧告を行います。たとえば、親事業者に対して、下請事業者から提供された金銭などの返還が勧告されます。また、民法の不当利得の規定に基づき、下請事業者は、親事業者に対して提供した金銭などの返還を求めることができる可能性があります。

■ 不当な経済上の利益の提供要請の禁止の要件と効果 ··············

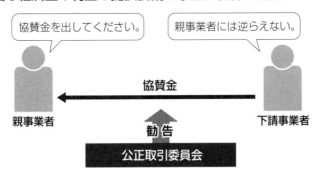

不当な給付内容の変更及び不当なやり直しの禁止

やり直しを強要してはいけない

■ 不当な給付内容の変更とは

　不当な給付内容の変更とは、親事業者が、当初に下請事業者と取り決めていた仕様を変更させることや、発注の全部または一部を取り消すことをいいます。

　下請法は、下請事業者に責任がないにもかかわらず、親事業者が自ら費用を負担することなく、下請事業者の給付の内容を変更させることで、下請事業者の利益を不当に害することを禁止しています（不当な給付内容の変更の禁止）。契約後に仕様の変更や発注の取消しがなされてしまうと、製品の製造工程を変更するなど、下請事業者は余分な作業を行うことを強いられます。そのため、親事業者による不当な給付の内容の変更が禁止されています。

　「給付の内容の変更」とは、親事業者が、当初下請事業者と取り決めていた仕様を変更し、または発注の全部または一部を取り消して、当初予定していなかった作業を下請事業者に強いることです。

　ただし、「下請事業者の責に帰すべき理由」があれば給付の内容の変更が許されます。

　「下請事業者の利益を不当に害する」という事情がなければ、仕様の変更や発注の取消しは許されます。

■ 不当なやり直しとは

　不当なやり直しとは、親事業者が下請事業者から製品などを受領した後に、当初の請負契約の内容にはない作業を、下請事業者に追加で行わせることをいいます。不当な給付内容の変更は、下請事業者から

の給付の受領前の問題であるのに対して、不当なやり直しは、下請事業者からの給付を受領した後の問題になります。親事業者が下請事業者に対して、自ら費用を負担せずにやり直しを命じることは、下請事業者に余分な作業を強いるので、原則として禁止されています（不当なやり直しの禁止）。

■ どんな要件があるのか

「下請事業者の責に帰すべき理由」がある場合や、「下請事業者の利益を不当に害する」という事情がなければ、親事業者がやり直しを命じることが許されるのは、給付内容の変更の場合と同様です。また、「やり直し」とは、当初の予定にない作業を下請事業者に行わせることを意味します。

なお、不当な給付内容の変更や不当なやり直しの禁止に違反すると、下請事業者の利益を守るために公正取引委員会から勧告が行われます。具体的には、下請事業者が負担した費用を親事業者が支払うといった勧告が行われます。また、親事業者が当初の契約内容を一方的に変更すると、下請事業者に対して損害賠償責任を負う可能性があります。

■ 不当な給付内容の変更と不当なやり直し ……………………………

1 不当な給付内容の変更 ⇒下請事業者からの給付の受領前の問題

2 不当なやり直し ⇒下請事業者からの給付を受領した後の問題

⬇ これらの禁止に違反すると…

● 公正取引委員会により下請事業者が負担した費用を親事業者が支払うように勧告される

● 親事業者が当初の契約内容を一方的に変更すると、下請事業者に対して損害賠償責任を負うこともある

15 下請法違反と下請に関するトラブル

■ 親事業者が下請法に違反した場合の措置

下請法では、親事業者に対し、3条書面の交付を含む4つの義務と、受領拒否や下請代金の支払遅延、返品、買いたたきを含む11の禁止事項を定めています。

このうち、3条書面の交付義務や取引書類の作成・保存義務に違反した場合には50万円以下の罰金が科せられます。また、禁止事項に違反していると認められる親事業者は、中小企業庁長官から行政指導を受けたり、公正取引委員会から違反行為の是正やその他の必要な措置をとるべきことの勧告を受けたりすることがあります。さらに、公正取引委員会は、必要に応じて親事業者や下請事業者に製造委託等に関する取引についての報告をさせたり、立入検査をすることができますが、その報告をしなかったり、虚偽の報告をする、あるいは検査を拒否するなどの行為をした場合には、50万円以下の罰金が科せられます。

■ 勧告について

公正取引委員会は、親事業者が下請法に定められた禁止行為をしていると判断した場合、禁止行為の差止めや原状回復などの方法によって、「その状態を是正せよ」もしくは「再発を防止せよ」などといった内容の勧告をします。

勧告を受けると、業者名や違反内容、勧告内容がインターネット上などで公表されます。また、勧告を受けた親事業者は、改善報告書（もしくは計画書）の提出を求められます。そして、勧告に従わない場合は、独占禁止法に基づく排除措置命令や課徴金納付命令が出され

る可能性があります。

■ トラブル解決方法にはどのようなものがあるか

　下請契約に関するトラブルの場合、親事業者よりも弱い立場の下請事業者としては、親事業者と対等な話し合いができないことが多いのが実情です。そのため、全国の公正取引委員会事務所には、下請事業者向けの通報・相談窓口が設けられています。下請事業者からの相談を受け、親事業者が下請法に違反する行為をしている可能性があると判断される場合、公正取引委員会は書面調査や立入検査などを行い、必要に応じて勧告などの措置をとります。一方、行政機関の介入によって違反行為が改善されたとしても、それだけでは問題がおさまらないときもあります。たとえば、親事業者の違法行為によって、下請事業者が多大な損害を被っていたような場合です。下請法の違反行為に対して行政機関が指導するのは、下請法の規定の遵守だけで、その損害を補てんするよう親事業者に指示をするといったことは行いません。

　したがって、このような場合には弁護士などに相談をして損害を賠償するよう交渉を行い、場合によっては調停、訴訟提起などの手続をとることが必要になります。

■ 下請に関するトラブル解決のための主な機関 ……………………

● **公的機関（公正取引委員会、裁判所）**
● **民間機関（ADR・裁判外紛争解決手続）**

　（公財）全国中小企業振興機関協会（「下請かけこみ寺」）
　　相談員や弁護士が下請業者からの相談を受け付けている。裁判外紛争解決手続（ADR）により、問題解決を図ることができる。

　日本弁護士連合会（「ひまわり中小企業センター」）
　　中小企業向け相談窓口。全国共通の専用ダイヤルに電話すると、各地の弁護士会に接続される。各弁護士会にも「紛争解決センター」が設置されている。

16 下請契約の締結に際しての書面の交付義務

親事業者は一定事項を記載した書面の交付義務を負う

■ 下請契約の締結の際の書面交付義務とは

　下請法上、親事業者は、下請事業者に製造委託等をした場合には、直ちに、公正取引委員会規則で定めるところにより、下請事業者に対して、下請事業者の給付の内容や下請代金の額、支払期日、支払方法その他の事項を記載した書面を交付することが義務付けられています。このことは下請法３条に規定されているため、この書面は「３条書面」と呼ばれます。なお、親事業者は、３条書面の交付に代えて、下請事業者の承諾を得て、３条書面に記載すべき事項を電磁的記録によって提供することもできます。

　３条書面の記載事項のうち、その内容が定められないことについて正当な理由がある場合には、その事項を記載せずに、それ以外の事項だけを記載した書面（「当初書面」といいます）を交付することができます。ただし、記載しなかった事項の内容が定められた後、直ちに、当該事項を記載した書面（「補充書面」といいます）を交付する必要があります。

■ ３条書面の記載事項や交付時期について

　３条書面の主な記載事項は、以下のとおりです。

① 　親事業者及び下請事業者の商号・名称または事業者別に付された番号、記号その他の符号であって親事業者と下請事業者を識別できるもの

② 　製造委託等（製造委託・修理委託・情報成果物作成委託・役務提供委託）をした日

③ 　下請事業者の給付（または提供される役務）の内容

④　下請事業者の給付を受領する（または下請事業者が役務を提供する）期日・場所

⑤　下請事業者の給付の内容について検査をする場合は、その検査を完了する期日

⑥　下請代金の額・支払期日

⑦　下請代金の全部または一部の支払につき手形を交付する場合は、その手形の金額及び満期

⑧　下請代金の全部または一部を一括決済方式で支払う場合は、当該金融機関の名称、当該金融機関から貸付けまたは支払を受けることができる額、親事業者が下請代金の額に相当する金銭を当該金融機関に支払う期日

⑨　下請代金の全部または一部を電子記録債権で支払う場合は、当該電子記録債権の額、当該電子記録債権の支払期日

⑩　原材料等を親事業者から購入させる場合は、その品名、数量、対価及び引渡しの期日並びに決済の期日及び方法

3条書面が交付されなかったときは

　親事業者が下請法3条の規定に反して3条書面を交付しなかった場合、50万円以下の罰金が科せられます。なお、親事業者が3条書面を発行しなかった場合でも、下請契約の成立そのものに影響はありません。

■ 3条書面に記載すべき内容 ……………………………………………

> ① 下請事業者の給付の内容　② 下請代金の金額
> ③ 支払期日及び支払方法
> ④ その他公正取引委員会規則で定められている事項

書面の交付に代えて電磁的記録（PDFなどの電子データ）の提供も可能であるが、事前に下請事業者の承諾を得ることが必要

参考　汎用的な３条書面の例（当初書面の記載例）

注　文　書

令和○年○月○日

_____ 殿

○○○株式会社

品名及び規格・仕様等
品名「○○」
詳細仕様は未定（後日交付する「○○仕様書」による。）

納　期	納入場所	検査完了期日
未定	弊社本社○○課	納品後○日

代金(円)	支払期日	支払方法
未定	毎月○日納品締切 翌月○日支払	全額現金払

- ・　未定の事項の内容が定められない理由　　ユーザーの仕様が未確定
- ・　未定の事項の内容を定めることとなる予定期日　令和○年○月○日

参考　汎用的な３条書面の例（補充書面の記載例）

注　文　書

_____ 殿

○○○株式会社

品名及び規格・仕様等
「○○仕様書」のとおり

納　期	納入場所	検査完了期日
令和○年○月○日		

代金(円)	支払期日	支払方法
○○○○円		

- ・　本注文書の金額は，消費税・地方消費税抜きの金額です。支払期日には法定税率による消費税額・地方消費税額分を加算して支払います。
- ・　本注文書は，令和○年○月○日付け注文書の記載事項を補充するものです。

（出典：公正取引委員会・中小企業庁「令和４年11月　下請取引適正化推進講習会テキスト」）

第3章

取引先の不払いに
対抗する法的手段

1 売掛金回収のポイントについて知っておこう

完全回収するためのポイントを押さえる

◼ 掛とはどんなことなのか

掛とは、支払いをその場では行わず、後でまとめて支払う「つけ」を意味します。商品の料金を後払いや後受け取りとすることを、掛による売買といいます。商品を売って、すぐに支払いを受けない時の金銭債権が売掛金になります。

商売を行う際に、売掛金取引はよく利用されています。本来なら、現金取引をするのが、一番安全なのですが、取引先を信頼して、売掛金取引にするのです。しかし、取引先が代金を支払うまでには1か月から3か月以上の長いスパンがあることも多いようです。その間、掛け取引を行っていた取引先の会社の財務状況が悪化して、売掛金が回収（入金）されないこともありえます。そのため、売掛金取引を行う場合、以下の点に注意することが大切です。

① 取引先の信用調査を行う

営業担当者などからの情報だけでなく、専門の信用調査機関の信用調査を行っておくようにします。すでに取引を始めている相手に対しても、定期的に再調査を行うようにすれば安心です。

② 取引条件をはっきりさせる

注文の締め切りと支払期限、支払形態は現金か手形か（現金と手形両方の場合はその比率も）、手形サイト（振出日から支払期日までの期間）はどのくらいか、全額払いかリース取引を利用するかなどを事前に決めておきます。取引条件は契約書で定めておくようにします。

③ 次の納入を差し控える

支払期限までに振込みを行わない取引先には、前回の代金と引き換

えでなければ、次回の商品を納入しないと主張します。

④　支払期限前に請求する

　取引のサイクルは、通常「契約の成立→物品の引渡し→支払期限が来たら代金の回収をする」、という流れで行われます。

　請求の遅延はそのまま売掛金回収の遅れにつながりますので、たとえば、締切日の翌日には必ず請求書を発送するなど、請求手続きは迅速に行うようにします。

■ 債権を回収するために必要な準備

　債権の回収においては、何よりもスピード感が重要です。時間の経過によって債務者の経済状況がさらに悪化して、倒産してしまうなどによって債権を回収することが不可能となってしまうケースも考えられますので、じっくりと回収計画やスケジュールを立てている暇はありません。債権の回収率を高めるためには、危機感をもって、直ちに回収に取り組む必要があります。

・支払いが滞っている債権額の確認をする

　まずは、契約書や請求書といった、売掛金などの債権の成立や具体

■ 債権回収の手順の例 ……………………………………………………

第1段階	2週間程度支払が遅れている
債務者と連絡をとり、支払意思の有無や支払予定日などを確認する	
第2段階	3週間～1か月程度遅れている場合
督促状や催告状を配達証明付内容証明郵便によって送付する	
第3段階	支払いが1か月半程度遅れている場合
継続する取引の中止・契約の解除などを検討する	
第4段階	支払いが2か月以上遅れている場合
訴訟や支払督促など、法的手段を検討する	

的な債権額が記載された書類を確認し、取引先に対する債権額を正確に把握することが必要です。契約書や請求書がない場合は、手紙やFAX、メールの交信記録など、債権の具体的な金額が分かるものがないかを確認しましょう。

　また、債権について、担保が設定されていないか、つまり、抵当権などの物的担保の設定状況や、保証人の有無の確認も非常に重要です。これらが設定されている場合には、債務者の経済状況が悪化しても、担保権の実行による債権の回収を図ることができるからです。

・債務者の経済状況について調査・確認する

　債務者の経済状況についての調査は、債務者の資産や収入などについて行います。

　資産の調査は、債務者本人のものだけではなく、債務者が会社などの法人であれば、その代表者個人のレベルまで、債務者が個人であれば、その妻子や親族についても行っておくのがよいでしょう。可能であれば、債務者と面会して、支払が滞っている理由や支払計画なども含めて、できるだけ多くの情報を聞き出すようにしましょう。

・債務者に送付する書類の準備

　債権回収においては、「請求書」や「督促状」などのさまざまな書面を債務者に送付する可能性がありますので、時間をかけずに素早く書面を送付できるように事前準備をしておくことが大切です。

■ 債権の回収の流れ

　債権の回収の流れは、それぞれのケースによって異なりますが、一般的には、以下のような流れで行われることが多いといえます。

・第1段階

　債務の支払期日が経過しても債務者から支払がない場合、ただ何もせずに待つのではなく、債権額を正確に把握した上で、まずは「請求書」や「売掛金残高確認書」「債務残高確認書」などを送ります。ま

た、債務者に連絡をして、支払が遅れていること、いつ頃に支払ができるのか、などを確認します。

・第2段階

　請求書などを送付しても無視されているなど、数週間程度経過しても債務者からいまだ支払がない場合には、請求書などよりも表現を少し強めにした「督促状」や「催告状」を送り、債務者に心理的プレッシャーを与える警告をします。なお、請求書の送付からどの程度の期間が経過してから督促状や催告状を送付するのかについては決まりはありませんので、どのようなタイミングで督促状や催告状を送付するかについて、あらかじめフローやルールを決めておくべきでしょう。

・第3段階

　「督促状」や「催告状」を送ってもいまだ支払がない場合には、さらに語気を強めた「通知書」を送ります。通知書には、一般的に、これまで請求書や督促状・催告状を送付しても支払がないことや、債務者が誠実に応答しないことなどを記載した上で、最終的な支払期限を伝えて、もしその期限内に債務全額の支払が確認できない場合や誠実な対応がなされない場合には、法的措置を講じる旨を記載し、いわば「最後通告」である旨を伝えます。この通知書は、後述する配達証明付きの内容証明郵便で送付すべきです。また、通知書の送付と並行して、継続する取引の中止や契約の解除を行うことなどを検討します。たとえば、債務者に対して商品を売却して商品を引き渡したにもかかわらず、代金が支払われていないような場合には、債務者との契約を解除して、商品を返すよう債務者に請求します。

・第4段階

　通知書に記載した最終的な支払期限に支払がない場合や債務者が何らかの対応をしない場合、法的措置として、支払督促や訴訟の提起を行います。

■ 書類の事前準備について

　請求書や債務残高確認書、督促状、催告状、通知書などは、金額や支払時期などの債権の具体的な内容や債務者に関する記載については、ケースごとに変更する必要がありますが、それ以外の点はどのケースにも共通する定型文で作成するため、あらかじめひな型となるものを作成しておき、使用の必要性が生じたらすぐに使えるようにしておくとよいでしょう。

■ 内容証明郵便の利用

　請求書を送っても何らの応答がない場合には、再度請求書を送付することが考えられます。これによっても若干の回収は見込まれます。

　しかし、現実的には、再請求をしても回収が進むという確率は、そう高くはないと言わざるを得ません。そのため、次の手段として、請求書を内容証明郵便に代えるのもよいでしょう。内容証明郵便は、誰が・いつ・どんな内容の郵便を・誰に送ったのか、を郵便局が証明してくれる特殊な郵便です。特に、配達証明付きの内容証明郵便は、債務者にプレッシャーを与えると共に、債務者に対し、いつ、どのような書面を送ったのかという証拠となるため、いざ訴訟になったときに効力を発揮します。

　情報収集の結果、納入した商品について品質上のクレームがないなど、債務者側に支払いをしない正当な理由がないことが判明した場合には、次の手を考えなければなりません。

　多くの場合には債務者側の資金繰りが苦しいといえます。この段階から、債務者が倒産することも視野に入れるべきでしょう。

令和○年○月○日

○△販売株式会社
　販売管理部長　○○○○殿

株式会社　△△開発
経理部長　○○○○

売 掛 金 支 払 い の お 願 い

拝啓　時下益々ご隆盛のこととお慶び申し上げます。

　さて、○月○日に納入致しました商品○○○（納品書番号555）につきまして、○月○日請求書をお送りし（請求書番号555）、○月○日にお支払いして頂くことになっておりましたが、２週間が経過した現在に至りましてもいまだご入金の確認がとれません。弊社と致しましても、このような状態が続きますと、今後の事業に支障をきたしかねますので、○月○日までには必ずお支払い下さいますよう、お願い申し上げます。

　なお、この件に関するご質問等に関しましては、経理部長○○が承ります。

　まずは、書中にてお支払いの督促まで。

敬具

2 請求と債務者の承認について知っておこう

時効の完成猶予や更新が生じる場合を押さえておく

■ 請求にはいろいろな効用がある

　支払いを滞らせている相手方に心理的なプレッシャーをかけるためには、請求をしっかりと行うことが重要です。相手方が心理的なプレッシャーを感じれば、それだけ債権を回収できる可能性が高くなります。請求を行うことには、このように相手方の弁済を促すことの他にも、いくつかの利点があります。たとえば、債権が期限つきのものでない場合には、請求を行うことによって期限が到来したことになります。そして、請求を行った時点から債務者は債務不履行となって、債権者は、遅延損害金の請求もできるようになります。さらに、請求を行うことで、時効の更新や完成猶予という効果も生じます。時効とは、一定の事実状態の継続があった場合に、その事実状態に適合した権利の取得・消滅を認める制度です。時効による権利の取得・消滅の効果は、時効期間のカウントを開始した日（起算日）まで遡ります。ただし、時効の効果を発生させるためには、時効の完成後に当事者が時効の利益を受けることを示す（援用）必要があり、時効の完成後は放棄もできます。

　時効には、時効期間の経過により、権利の取得が認められる取得時効と、権利の消滅が認められる消滅時効があります。債権回収に関わるのは消滅時効です。

■ 時効の更新・時効の完成猶予

　従来、時効の進行を妨げる制度は、時効の中断・停止と呼ばれていました。時効の中断とは、それまでの時効期間をリセットし、新たにゼロから時効期間をスタートさせる制度です。時効の停止とは、時効

の完成を一定期間だけ猶予する制度です。いずれも時効の完成に関わる重要な制度でありながら、一時的に止めることを意味する「中断」が時効期間のリセットを指し、動いているものを止めることを意味する「停止」が猶予を指すなど、一般的な用語の使用法からズレていることが指摘されていました。

　現在の民法では、一般的な用語の使用法に合わせて、時効の中断を時効の更新に、時効の停止を時効の完成猶予に名称を改めています。主な更新事由や完成猶予事由は下図のとおりです。その他にも、当事者が権利について協議をすることを書面で合意して、この合意に基づき協議を行っている一定の期間は時効が完成しない（完成猶予事由）という規定を設けています。そして、時効の更新や完成猶予の効力は、更新事由や完成猶予事由が生じた当事者とその承継人の間でのみ生じます（相対的効力）。

■ **主な更新事由と完成猶予事由** ·····························

ケース	完成猶予事由	更新事由
①裁判上の請求 ②支払督促 ③調停 ④破産手続参加	原則として①〜④の事由が終了するまでの間は時効が完成しない	確定判決などで権利が確定した時に、①〜④の事由の終了時から新たに時効が進行する
⑤強制執行 ⑥担保権の実行 ⑦担保権の実行としての競売	原則として⑤〜⑦の事由が終了するまでの間は時効が完成しない	原則として⑤〜⑦の事由の終了時から新たに時効が進行する
⑧仮差押 ⑨仮処分	⑧⑨の事由の終了時から6か月間は時効が完成しない	
⑩履行の催告	⑩の時から6か月間は時効が完成しない（完成猶予期間中の再度の催告は完成猶予の効力を有しない）	
⑪権利の承認		⑪の時から新たに時効が進行する

3 内容証明郵便の書き方について知っておこう

債務者に心理的圧力をかけることができる

■ 内容証明郵便とは

内容証明郵便は、受取人が1人の場合でも、同じ内容の文面の手紙を最低3通（受取人が複数ある場合には、その数に2通を加えた数）用意する必要があります。ただし、全部手書きである必要はなく、コピーでもOKです。郵便局ではそのうち1通を受取人に送り、1通を局に保管し、もう1通は差出人に返してくれることになっています。同じ内容の文面を複数の相手方に送る場合には、「相手方の数＋2通」用意することになります。

用紙の指定は特にありません。手書きの場合は原稿用紙のようにマス目が印刷されている、市販のものを利用してもよいでしょう。ワープロソフトで作成してもよいことになっています。

こうしたできた同文の書面3通と、差出人・受取人の住所氏名を書いた封筒を受取人の数だけ持って郵便局の窓口へ持っていきます。郵便局は、近隣の大きな郵便局（集配を行う郵便局と地方郵便局長の指定した無集配郵便局）を選びます。その際、字数計算に誤りがあったときなどのために、訂正用に印鑑を持っていくのがよいでしょう。

■ 内容証明郵便で送る文書の中身

枚数に制限はないものの、主旨を簡潔に、一定の形でまとめたほうが確実に相手に伝わります。

① 表題

「通知書」「督促状」など文書につけるタイトルです。内容証明郵便の主旨が一目でわかるようにつけておくと効果的です。

② 前文・後文

　基本的には省略してかまいませんが、相手との関係、お願いなどが内容に含まれる場合は、仰々しい内容証明郵便であってもやや柔らかく相手に伝える効果が期待できるので記載します。

③ 本文

　必要事項を確実に、相手に伝わりやすい表現で記載します。原則として主観的な感情や背景事情は記載しないほうがポイントが伝わりやすくなります。また、間違えても撤回できず、相手にスキを与えるので、書く前に事実確認を十分に行った上で作成することが望まれます。

④ 差出人・受取人

　個人の場合は住所、氏名、会社などの法人については所在地、名称とあわせ、わかれば代表者名を記載して、差出人は押印します。代理人を立てた場合は代理人も同様に記載して押印します。記載は、郵便局に持参する封筒の差出人と受取人と一致している必要があります。

⑤ 差出年月日

　差出日を明確にするため記載します。

■ 字数などの制限がある

　内容証明郵便を出す場合には、若干注意すべきことがあります。

　まず、下表のように、1枚の用紙に書ける文字数と行数に制約があります。枚数に制限はありませんが、1枚増えるごとに料金が加算されます。使用できる文字は、ひらがな・カタカナ・漢字・数字です。英語は固有名詞に限り使用可能です。用紙が2枚以上になる場合には、ホチキスやのりでとじて、そのページのつなぎ目に左右の用紙にまたがるように、差出人のハンコを押します。

■ 24時間いつでも出せるのが電子内容証明郵便

　インターネットを通じて24時間受付を行うサービスもあります。電子

内容証明サービスを利用して、文書データを送信すれば、自動的に3部作成し処理しますので、手続は短時間で終了します。差出人から送信された電子内容証明文書のデータは、郵便局の電子内容証明システムで受け付けます。その後、証明文と日付印が文書内に挿入されてプリントアウトされ、できあがった文書は封筒に入れられて発送されます。

　電子内容証明サービスを利用するには、利用者登録が必要となります。登録は、日本郵便の電子内容証明のホームページ（https://www.post.japanpost.jp/service/enaiyo/）から行います。利用料の支払いはクレジットカードか、料金後納かを選択することができます。クレジットカードを選択する場合、登録はすぐに完了します。

　次に、ソフトウェア（e内容証明ソフトウェア）を手持ちのパソコンにインストールします。ソフトウェアは、ホームページからダウンロードします。

■ 内容証明郵便の書き方

用　紙	市販されているものもあるが、特に指定はない。 B4判、A4判、B5判が使用されている。
文　字	日本語のみ。かな(ひらがな、カタカナ)、 漢字、数字(算用数字・漢数字)。 外国語不可。英字は不可(固有名詞に限り使用可)
文字数と 行数	縦書きの場合　　：20字以内×26行以内 横書きの場合①：20字以内×26行以内 横書きの場合②：26字以内×20行以内 横書きの場合③：13字以内×40行以内
料　金	文書1枚（440円）＋郵送料（84円）＋書留料（435円） ＋配達証明料（差出時320円）＝1279円 文書が1枚増えるごとに260円加算

4 支払督促について知っておこう

簡裁を通じて債務の支払いを督促する

■ 簡易裁判所が関与する

支払督促とは、簡易裁判所の裁判所書記官を通じて債務者に対して債務を支払うように督促する制度です。内容証明郵便とは違い、支払督促は裁判所が関与する手続です。裁判所の手続を利用している分、債権者の覚悟のほどはより強く債務者に伝わります。ただ、相手方に、債権の存在・債権額・支払期限などについて異論があり、異議を申し立てて、督促に応じない場合には、通常の訴訟手続に移行します。債権者としても、それなりの覚悟が必要なのです。支払督促は、債務者との間で債権の存在や内容について争いがないケースで、よく利用される手続きだといえます。

■ 申立てが受理され審査される

要件が充たされていないと、申立ては却下されてしまいます。事前の準備を十分にした上で簡易裁判所に行くべきでしょう。

① 支払督促の対象となる債権

支払督促の対象となるのは、「金銭その他の代替物または有価証券の一定数量の給付請求権」に限られます。ほとんどの場合は金銭債権です。中古車を購入したのに引き渡してくれない場合の引渡請求については、支払督促を利用することはできません。

② 管轄の簡易裁判所へ申し立てる

債務者の住所、主たる事務所・営業所の所在地を管轄する簡易裁判所の裁判所書記官に、支払督促の申立てをしなければなりません。申立書には債務者の住所・所在地を記載するので、この要件も書面審査

で容易に判断されます。もし、管轄外の裁判所に申立てをしても、却下されてしまいます。申立手数料は、請求する金額に応じて決まりますが、通常訴訟の手数料の2分の1となっています。

③ **請求の趣旨が適法であること**

請求の趣旨及び原因が不適法であると、申立ては却下されます。特に、借金の取立ての場合には、利息制限法の制限に気をつけなければなりません。同法では、元本が10万円未満であれば年20％、10万円以上100万円未満であれば年18％、100万円以上であれば年15％を上限としています。これを超過した分は無効なので、たとえ債務者が同意していても、申立ては却下されます。

④ **簡単な不備は補正する**

提出された申立書が審査され、不備が簡単なものであれば、すぐに補正（補充や訂正）するように言い渡されます。手数料や添付すべき郵券（切手）が不足していると、追加納付が指示されます。補正に応じないと、書記官は一定の期間を定めて補正を命じます。これを「補正処分」といいます。補正処分に応じないと、申立ては却下されます。

■ 支払督促手続きの流れ

① 債務者の住所地の簡易裁判所へ行く

② 支払督促を申し立てる
　　異議があれば
　　民事訴訟手続きへ

③ 異議申立期間の満了

④ 仮執行宣言を申し立てる

⑤ 仮執行宣言付支払督促の送達
　　異議があれば
　　民事訴訟手続きへ

⑥ 仮執行宣言付支払督促の確定
　　正本送達後、2週間以内に
　　異議申立てがない場合

⑦ 強制執行の申立てをする
　　債務者が支払いを
　　拒み続けているとき

⑧ 債務者の財産に強制執行

⑤　申立てが受理された後

　無事に申立てが受理されると、事件番号がつけられます。「令和○年（ロ）第○○○号」といったもので、以後裁判所へ問い合わせるときなどにはこの番号を使用するので、メモしておきましょう。

■ 仮執行宣言とは

　通常の訴訟では、債権者が勝訴判決を得てそれが確定すると、判決に執行力が生じます。執行力とは、判決にもかかわらず債務者が支払いなどの判決内容を実現しない場合に、裁判所によって強制的にその内容を実現することができる効力です。この執行力に基づいて、強制的に債権を実現する手続を強制執行といいます。

　執行力は通常の訴訟の場合だけではなく、支払督促の場合でも発生します。しかも、支払督促が確定する前でも、裁判所が仮の執行力を与えることがあります。それが仮執行宣言です。仮執行宣言は、債権者が迅速に手続を進めて、債権の実現を図ることができるための制度です。支払督促に仮執行宣言がつけられると、債権者は強制執行の申立てをすることができるようになります。

　債権者は、支払督促の申立てをした裁判所に対して仮執行宣言の申立てをすることが必要です。仮執行宣言の申立ての手続は、支払督促の申立手続と似ており、支払督促の申立てをした裁判所で書面によって行います。仮執行宣言の申立ての際に気をつけるべきことは、申立てができる期間が限られているということです。

　まず、いつからできるようになるかというと、支払督促正本が債務者に送達された日の翌日から２週間経過すれば申立てができます。

　仮執行宣言の申立てが受理されると、裁判所の書記官は審査を行い、債務者と債権者に仮執行宣言付支払督促を送達します。仮執行宣言付支払督促が債務者に送達され、異議の申立てがなく２週間が経過すると、支払督促は確定することになります。

裁判所に間に入ってもらい話し合いで解決する民事調停を利用するメリットについて教えてください。

A あくまでも話し合いで解決したいということであれば、民事調停を利用する方法があります。民事調停は、裁判官と民間人から構成される調停委員会が、当事者間の合意成立に向けて援助・協力するという制度です。

民事調停は、債権者からでも債務者からでも申立てをすることができます。管轄裁判所は、相手方の住所地を管轄する簡易裁判所です。申立書の用紙は簡易裁判所の窓口に用意されています。

申立て時には、請求の価額に応じた収入印紙と予納郵券、添付書類を提出します。郵送でも大丈夫です。手数料は訴訟手数料の半額で、予納郵券は、裁判所や相手方の数によって違ってきます。

当事者双方の互譲・協力がなければ調停は成立しません。必ず調停が成立して解決できるという保証はありませんが、取引先との関係を維持しながら、円満な解決を望む場合や、コストの点から、できるだけ早く・安く解決したい場合などには利用してみる価値はあります。

また、債務の存在は認めているが支払能力に多少の不安がある債務者について、減額や猶予、分割払いなど、ある程度の譲歩をしても、任意の支払いで回収したほうが得策な場合などにも、調停は利用してみる価値があります。

調停が成立すると、訴訟における確定判決と同一の効力をもちます。債務者が調停内容を守らなかった場合には、調停調書に基づいて強制執行（123ページ）をすることもできます。

5 通常訴訟による回収について知っておこう

回収したい債権額と訴訟コストを天秤にかける

■ いよいよ本格的な債権回収

　訴訟を起こす最大のメリットは、勝訴すれば、最終的には相手方の財産に対して強制執行をし、債権回収の目的を果たすことができるということです。他の制度では、金銭などの請求に限られるなどの制約がありましたが、訴訟にはそうした制限もありません。また、1年、2年という短い期間で時効消滅する債権でも、判決で債権が認められれば、以後、時効期間は10年と長くなります。

　ところでそれほど複雑な内容の事件でなければ、1人で行うことも可能ですし、2～3か月程度で終了することもあります。金銭債権の請求であれば、こちらの住所地の裁判所の管轄です。さらに、勝訴すれば、訴訟費用は相手方の負担になりますから、その分も回収できます。しかし、訴訟を起こしても、100％勝てるという保証はありません。債権はあっても、訴訟で負けてしまうと、債権は回収できません。証拠の保存が十分でない場合、負けてしまうこともあります。

　さらに、訴訟にかかる手間や時間・費用もバカにはなりません。裁判所に納める手数料は、請求金額、つまり訴訟物の価額によって異なります。また、証人を呼ぶ必要がある場合には、証人の日当や宿泊費として、それぞれ7000～9000円程度、それに交通費などが必要になります。証拠などについて鑑定が必要になれば、鑑定費用としてある程度の費用が必要となります。相手方が徹底的に争ってくる場合には、それなりの時間がかかります。

　また、複雑な内容になってくれば、弁護士の助力が必要になります。弁護士費用は、訴訟に勝ったとしても、原則としてこちらの負担にな

ります。相手方の負担にできるのは、裁判所に納める訴訟費用だけです。結局のところ、訴訟にかかるコスト（手間・時間・費用）を総合的に判断して訴訟に踏みきるかどうか、判断することになるでしょう。

■ 140万円が分かれ目

　債権回収のような法的紛争を民事事件といいます。この場合、訴えを提起する裁判所は、簡易裁判所か地方裁判所になります。その区分けの目安は、140万円という金額です。訴訟の目的物の価額、つまり訴額が140万円以下の場合は簡易裁判所、140万円を超える場合は地方裁判所が、第一審の管轄裁判所になります。

　申し立てる裁判所ですが、基本的には、「訴えは相手方のところへ出向いて」というのが原則です。つまり、被告の住所地を管轄する裁判所が扱うことになります。被告が会社などの法人の場合、主たる事務所（本社）または営業所の所在地、それがないときは、主たる業務担当者の住所地を管轄する裁判所が扱うことになります。また、当事者間で特に合意がなされていない場合には、債権の弁済は債権者の住所地で行うのが原則とされていますから、債権者、つまりこちらの住所地を管轄する裁判所に訴訟を提起することもできます（義務履行地）。

　なお、被告（債務者）が複数いて、それぞれの所在地が異なっている場合などでは、その複数の被告のうちの一人の住所地を管轄する裁判所にも、訴訟を提起することができます。もっとも、契約書を取り交わすような取引では、その契約書の中で、紛争になった場合の管轄裁判所の取り決めがなされているのが一般的です（合意管轄条項）。

■ 訴状の提出から呼出状がくるまで

　訴訟は、裁判所に訴状を提出することから始まります。訴状には債権者である原告の求める判決の内容を「請求の趣旨」、原告の主張の法的根拠を「請求の原因」として記載します。受理された訴状には、

受付印が押され、事件番号がつけられます。訴訟は、この事件番号によって特定され、管理されます。その後、被告となる債務者には、第1回期日の呼出状と答弁書催促状と共に、訴状が送達されます。原告である債権者には、第1回期日の呼出状が送達されます。

　裁判は、中立・公正な第三者である裁判官の前で、原告・被告双方がそれぞれ自分の言い分を主張し、それを証拠によって証明し合うという構造をとっています。

　裁判では、被告が答弁書を提出し、原告の請求とその根拠となる事実に対する認否を行います。裁判官が、証拠調べなどによって心証を得れば、訴訟は終わり、判決期日が定められます。判決言渡しの日には、判決が言い渡されます。判決に不服がある当事者は、判決書送達後14日以内に上級裁判所へ控訴して争うことができます。裁判で決着がつくこともありますが、実際には双方互譲しての和解によって終結することも多いようです。裁判所の方もタイミングを見て和解を勧めてきます。債権者としても債権回収の見込みがつけば和解に応じることも念頭においておきましょう。

■ 通常訴訟の手続きの流れ

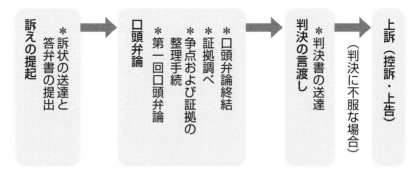

6 少額訴訟と少額債権執行について知っておこう

60万円以下の金銭請求に限られ、1回の期日で判決が出る

■ 通常の訴訟とは違いスピーディ

とかく時間と費用のかかる民事訴訟手続についてスピーディな解決をはかるために導入されたのが、少額訴訟の制度です。少額訴訟で扱われるのは、60万円以下の金銭請求に限られています。たとえば、動産の引渡しを請求する訴えなどの場合には、この手続は利用できません。少額訴訟では、原則として1回の期日で双方の言い分を聞いたり証拠を調べたりして、直ちに判決が言い渡されます。通常の民事訴訟とは違い、少額訴訟では証拠はすぐに取り調べができるものに限られています。

通常の民事訴訟と違い、少額訴訟は一審限りで終結し、判決に対して控訴することは認められていません。不服がある場合、原告または被告は判決をした簡易裁判所に異議を申し立てることができるしくみになっています。異議が認められると、通常の民事訴訟手続に移行します。ただ、この場合も反訴や控訴はできません。

なお、同一の原告が同一の簡易裁判所に対して行える少額訴訟の申立回数は、年間10回までに限定されています。

少額訴訟でも訴状を作成する必要がありますが、簡易裁判所には、少額訴訟用の定型訴状用紙があらかじめ用意されています。これは窓口でもらうことができますので、訴状を作成する際に利用してみるとよいでしょう。定型訴状用紙は、貸金請求・売買代金請求・敷金返還請求・損害賠償請求といった個々の事件内容に従い、請求の趣旨・紛争の要点（請求の原因）が記入しやすくなっています。

■ 訴訟費用の納付と証拠の提出

　訴状を提出する際には、裁判所へ訴訟費用を納めなければなりません。請求金額に応じて納める手数料（収入印紙）と相手方の呼出しに使用する費用（郵便切手）などが必要になります。訴状の貼用印紙（収入印紙）は、請求する金額に応じて1000円〜6000円の間におさまります。予納郵券（郵便切手）代は裁判所により異なります。

　証人を取り調べる場合、その証人が日当などを請求するときは、日当・旅費に相当する額を事前に納付する必要があります。さらに、少額訴訟では1回の期日で審理を終えるために、契約書や借用書などの証拠書類（写し）を口頭弁論期日の前に提出しておかなければなりません。

■ 少額訴訟債権執行とは

　強制執行は通常、地方裁判所が行いますが、少額訴訟にかかる債務

■ 少額訴訟の対象 ⋯⋯⋯⋯⋯⋯⋯⋯⋯⋯⋯⋯⋯⋯⋯⋯⋯⋯⋯⋯⋯

対象となる主な金銭債権
●売掛金　●少額の貸付金　●ホテルなどの宿泊代金　●飲食料金
●サービスメンテナンス料金　●軽い物損事故などの賠償金　●賃金
●慰謝料　●敷金・保証金　●請負代金

■ 少額訴訟手続きの流れ ⋯⋯⋯⋯⋯⋯⋯⋯⋯⋯⋯⋯⋯⋯⋯⋯⋯⋯⋯⋯

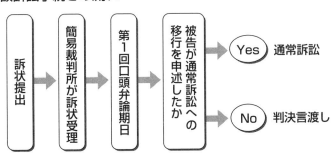

訴状提出 → 簡易裁判所が訴状受理 → 第1回口頭弁論期日 → 被告が通常訴訟への移行を申述したか

Yes　通常訴訟

No　判決言渡し

名義による強制執行（債権執行）は、債務名義（少額訴訟における確定判決や仮執行宣言を付した少額訴訟の判決など）を作成した簡易裁判所の裁判所書記官も行うことができます。この裁判所書記官が行う強制執行を少額訴訟債権執行といいます。

少額訴訟債権執行は、少額訴訟手続をより使いやすいものにするために作られた制度です。少額訴訟自体が、少額の金銭トラブルに対して、手間ひまがかかる通常の訴訟をするのは割に合わないという、状況を改善するために作られた制度でした。そのため、少額訴訟は、手続が簡単で、すぐに訴訟の結果がでます。ですから、少額訴訟のスピーディさを生かすためには、少額訴訟の執行手続も簡易なものにする必要がありました。

通常の場合、判決で勝訴を得た上で、債権執行する場合には、地方裁判所に申し立てなければなりません。しかし、少額訴訟債権執行なら、わざわざ地方裁判所に申し立てなくても、債務名義を作成した簡易裁判所ですぐに執行をしてもらえます。訴訟から執行手続まで一気にかたがつくことになります。少額訴訟債権執行は、債権者の申立てによって、行われますが、少額訴訟債権執行を利用することなく、通常の強制執行手続きによることもできます。

■ 少額訴訟債権執行の申立て ………………………………………

少額訴訟債権執行

地方裁判所

簡易裁判所の裁判所書記官

以下の少額訴訟にかかる債務名義による金銭債権に対する強制執行
・少額訴訟における確定判決
・仮執行宣言を付した少額訴訟の判決
・少額訴訟における訴訟費用、和解の費用の負担の額を定める裁判所書記官の処分
・少額訴訟における和解、認諾の調書
・少額訴訟における和解に代わる決定

7 強制執行について知っておこう

執行裁判所への申立てを行う

■ 権利実現の手段

　和解や調停、支払督促または訴訟による判決であっても、そこで定められている内容を具体的に実現するには、債権者は、最終的には民事執行という手段をとらなければならないことになっています。

　民事執行とは、国家権力による民事上の強制手段で、強制執行・担保権の実行としての競売（担保執行）などの総称です。

　強制執行は、任意に義務が履行されない場合に、国家権力によって強制を加えて、履行があったのと同じ状態を作り出す手続です。

　担保執行は、抵当権・質権などに基づいて、その目的財産を競売その他の方法で強制的に換価（売却）して、債権を回収する手続です。

　両者は、その性質も対象も異なる点がありますが、いずれも債務者の財産を強制的にとり上げて、債務の支払いにあてる制度です。この段階ではじめて債権回収が完結します。

　債権回収で頻繁に行われるのは、不動産執行・動産執行・債権執行です。強制執行をするには、裁判所に申し立てなければなりません。強制執行手続きに関与する裁判所を特に執行裁判所と呼んでいます。

　執行裁判所となるのは、原則として地方裁判所です。具体的にどこの地方裁判所に申し立てるかは、金銭執行の対象となる財産によって異なります。債権者は不動産執行・動産執行・債権執行のどの申立てをしても、またすべての申立てをしても大丈夫です。

■ 債務名義が必要

　不動産執行をする場合には、その不動産の所在地を管轄する地方裁

判所に申立てをします。動産執行をする場合には、目的動産の所在地を管轄する地方裁判所に所属する執行官に対して申立てを行います。

　強制執行には各種の手続がありますが、その申立てをするには、共通の前提条件があります。①債務名義、②執行文、③送達証明書の3点が必要になります。

　債務名義とは、強制執行によって実現される請求権（債権）が、たしかに存在するということを公に証明する文書で、執行力、つまり強制執行してもよいという効力を認めたものです。証書の形式やそれを

■ **債務名義になる主なもの** ………………………………………………………

債務名義になるもの	備　考
判決 ………………………	確定しているものでなければならない 執行申立てに、執行文、送達証明書、確定証明書が必要
仮執行宣言付きの判決 …	確定していないが一応執行してよいもの 執行申立てに、執行文、送達証明書が必要
支払督促＋仮執行宣言 …	仮執行宣言を申し立てる 執行申立てに、送達証明書が必要
執行証書 …………………	金銭支払のみ強制執行が可能 執行申立てに、執行文、送達証明書が必要
仲裁判断＋執行決定 ……	執行決定を得ることができれば執行できる事案によって、執行文、送達証明書、確定証明書の要否が異なる
和解調書 …………………	「○○円払う」といった内容について執行可能 執行申立てに、執行文、送達証明書が必要
認諾調書 …………………	請求の認諾についての調書 執行申立てに、執行文、送達証明書が必要
調停調書 …………………	「○○円払う」といった内容について執行可能 執行申立てに、執行文、送達証明書が必要

※一部の家事事件についての調停調書や和解調書については、執行文は不要

作成する機関などの違いに応じて、さまざまなものがあります。債務名義には、①少額訴訟の判決、②仮執行宣言付少額訴訟の判決、③仮執行宣言付支払督促の３つを除いて、さらに、執行文をつけてもらうことが必要です。執行文は、債務名義に記載されている請求権が、ある特定の債務者に対して、現在執行できるものであることを公に証明する文言です。裁判所書記官や公証人に申し立て、債務名義正本の末尾に付記してもらいます。

　この２つがそろって、債権者はやっと執行力のある債務名義の正本（判決正本）を手にしたことになるのです。執行文が付与された債務名義は、強制執行の絶対的条件です。

　最後に、強制執行を開始する際には、債務者に債務名義が送達されていることが必要です。これは、債務者にどのような内容の強制執行がなされたのかを知らせ、強制執行に違法な点があった場合に備えて防御の機会を与えるためです。

■ 強制執行の種類

　大きく分けて金銭執行と非金銭執行がありますが、この２つの他に仮差押・仮処分の執行もあります。

　金銭の支払いを目的とする強制執行（金銭執行）は、強制執行の対象に従って、ⓐ不動産、ⓑ動産、ⓒ債権、ⓓその他の財産権、に対する強制執行にそれぞれ分類されます。担保権の実行も強制執行と同様の手続きで行われます。

　金銭の支払いを目的としない強制執行（非金銭執行）には、たとえば、土地を借りている賃借人が、期限が切れたのに土地を明け渡さない場合に、建物を収去し、土地を明け渡してもらうための強制執行、売買契約を締結し代金も支払ったのに売主が目的物を引き渡さない場合に、目的物の引渡しを実現するための強制執行などがあります。

■ 何に対して強制執行をするか

　債権者としては、強制執行の手続きを進める前提として、何に対して強制執行をかけることができるのかを把握しておく必要があります。何に対して強制執行をすることができるのかを把握したら、債務者の具体的な財産状況に応じて、どの財産に対して強制執行をするのが効果的なのかについて検討することになるのです。

① **不動産に対する強制執行**

　不動産は高価な財産です。そのため、債務者が不動産を所有している場合には、金銭に換価して、債権を回収できる可能性は高いといえます。動産とは違い、隠すことは非常に難しいのです。ただ、財産状態の悪い債務者については、すでに不動産に抵当権などの担保権が設定されているケースが多いので、その場合には担保権者に優先されてしまいます。なお、不動産については法務局で登記を調査します。

② **動産に対する強制執行**

　動産とは不動産以外の有体物です。具体的には、宝石などの貴金属、テレビなどの家財道具などを意味します。ただし、船舶・自動車・飛行機などの登録されている動産については、特別な取扱いがなされているので注意が必要です。法律的に動産として扱われているものには、裏書が禁止されていない有価証券、たとえば、株券・約束手形・小切手などがあります。これらは現金化しやすく高価なものが多いので、強制執行の対象としては有効です。

③ **債権に対する強制執行**

　債権とは、特定の者が特定の者に対して給付をすることを請求することができる権利一般です。ただ、ここで対象となりうる債権は、通常は金銭債権ということになります。具体的には、会社員の会社に対する給与債権、預金者の銀行に対する預金債権、国に対する国債、その他、貸金債権、代金債権などです。そのまま金銭になり、金額も明確なので、強制執行の対象としては有効です。

第4章

開業する際の届出と
青色申告の基本

1 個人事業について知っておこう

先入観にとらわれず自分の状況に合った選択をする

■ どんな形態で事業をはじめるか

　事業をはじめる際には事業計画、収支計画、資金繰りなど、さまざまなことを検討しなければなりません。事業開始にあたり重要な問題になるのが個人で事業を行うのか、それとも法人を設立して事業を行うのかという点です。法人とは株式会社や合同会社をイメージしておけばよいでしょう。

　個人事業の開業には、以下に挙げるようなメリットがあります。

① 開業の手続きが簡単

　たとえば、株式会社を設立する場合、税務署等への届出書を提出する前に会社の設立登記のため法務局に登記申請書類を提出し、審査を受ける必要があります。そのためには会社法で決められている手続きが必要になりますが、「定款」「払込証明書」「就任承諾書」などの専門的な書類を作成し、「定款」については公証役場で認証を受ける必要があります。これらの手続きには税金や認証手数料等に約25万円程度かかります。専門家に手続きを依頼すればさらに報酬を支払うことになります。

　一方、個人が開業する場合、株式会社のような登記は必要ありません。本人のみで開業するときは税務署に「個人事業の開廃業等届出書」、都道府県の税事務所と市区町村役場に「事業開始等申告書」を提出するだけです。また、これらの書類の提出には税金や手数料などの費用はかかりません。

② 開業後の手続きが簡単

　株式会社の場合、厳密な方法である「複式簿記」による経理が要求

されていますが、個人事業の場合はより簡単な方法を選択することができます。また、株式会社の場合、役員の任期満了時や重要な事項を決定する場合には株主総会等の決議が必要になります（議事録の作成が必要になり、役員についてはさらに登記が必要です）が、個人事業の場合には必要ありません。

③ **小規模な場合にはコスト面で有利**

株式会社の場合、赤字であっても毎年支払う必要がある住民税の均等割は7万円（資本金の額が1,000万円以下、かつ従業員数が50人以下の場合）ですが、個人事業の場合は5,000円程度です。

また、個人事業の場合、税務署に青色申告申請すると青色申告特別控除額（10万円、55万円または65万円）が認められる部分には税金がかかりませんが、株式会社が青色申告を申請してもそのような控除はありません。社会保険（健康保険、厚生年金）についても、株式会社は社会保険の加入が強制されるので、会社が従業員の社会保険料の半額を負担します。一方、一定の小規模な個人事業では従業員の社会保険の加入が強制されないので、経営者が従業員の社会保険料の半額を負担することはありません（各自が国民健康保険、国民年金に加入します）。

■ 個人開業する場合の注意事項

個人事業の場合、事業主は取引相手（債権者）に対して無限の責任を負います。

一方、株式会社の場合、株主は、出資した額以外に債権者に対して責任を負うことはありません。また、一般的には個人事業よりも株式会社のほうが対外的な信用もあるため、金融機関からの融資も受けやすくなります。

それぞれの形態のメリットを冷静に見極め、自分の状況にあった選択をすることが大切です。

青色申告とはどんな制度なのか

さまざまな税法上の優遇措置が設けられている

■ 申告納税制度は納税者保護の出発点である

　会社員や公務員であれば、それぞれの勤務先で「年末調整」をしてもらえるため、税金についての知識がなくても納める税金（所得税）を計算してもらうことができます。

　これに対して、個人商店を営んでいる自営業者やアパートなどの貸室を他人に貸して収入を得ている大家さん（賃貸人）などは、納める税金を自分で計算して申告・納付しなければなりません。

　このように納める税金を自分で計算し、納付する制度を「申告納税制度」といいます。我が国の所得税は、所得税法という法律の規定に従って、税金を納めるべき者が自分で所得を計算し、納める税金の額（納税額）を申告するシステムを採用しています。申告納税制度の実際の手続きは、毎年2月16日から3月15日までの間に前年の所得についての「確定申告書」を作成し、税務署に提出（申告）することによって行います。また、確定申告した税金を納付する期限も、申告期限と同じ3月15日までとされています。

　納税者自身が自ら納税額を計算する「申告納税制度」が納税者の権利を保護する出発点であるともいえるのです。

■ 青色申告と白色申告の違いをおさえる

　所得税法の定めに従って自分の税額を計算し、税務署に申告・納付することを「確定申告」といいます。確定申告を行う場合に税額の計算過程などを記載する書面のことを確定申告書といいます。以前の確定申告書には、白色の書面に文字が印刷された申告書と青色の書面に

文字が印刷された申告書の2種類がありました。この2種類の申告書は単に色が違うのではなく、申告上の制度の違いによって厳密に区別されていました。白色の申告書を使って申告することを「白色申告」、青色の申告書を使って申告することを「青色申告」とそれぞれ呼んでいました。現在では申告書が変更され、青色申告も白色申告も同一の様式を使用することになりました。青色申告の場合、申告書の上のほうの「種類」欄の「青色」に○印をつけることで区別することになります。

　年末調整によって所得税の税額の計算・納付が終了している会社員でも、一定の場合には確定申告を行います。この場合に行う申告は原則として白色申告です。これに対して、自営業者や副業などのように自分で商売を行っている人で、税務署に所定の申請書（163ページ）を提出した人が青色申告をすることになります。青色申告の場合は、帳簿の作成などにおいて白色申告よりも状況により厳しい条件が課されています。その分所得税法上、さまざまな優遇措置が設けられており、その点で白色申告よりもメリットがあるといえます。つまり、青色申告は特別な制度なのです。

■ 青色申告と白色申告の違い ・・

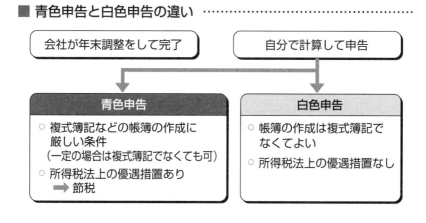

会社が年末調整をして完了	自分で計算して申告
青色申告	**白色申告**
○ 複式簿記などの帳簿の作成に厳しい条件 （一定の場合は複式簿記でなくても可） ○ 所得税法上の優遇措置あり ➡ 節税	○ 帳簿の作成は複式簿記でなくてよい ○ 所得税法上の優遇措置なし

③ 簡単な帳簿管理方法を知っておこう

領収書や通帳に基づいて集計する

■ 特典の少ないほうを選ぶという選択肢もある

　青色申告を選択し、かつ、複式簿記で記帳し、その他一定の要件を満たすと、確定申告の際に最大で65万円の特別控除が受けられるという税制上の特典があります。このような特典が用意されているのであれば、「頑張って複式簿記を勉強して帳簿をつけたほうが節税になるのではないか」と思う人もいるかもしれません。

　しかし、65万円の特別控除を受けられるのは、あくまでも所得が65万円以上発生している場合です。つまり、赤字になってしまっている場合や利益が少ない場合は、いくら記帳に苦労してもその恩恵を十分に受けられないのです。

　このようなことを踏まえると、必ずしも複式簿記により記帳することだけが、事業にとってプラスとなるとはいえないことがわかると思います。複式簿記により記帳することの労力やコストと、それにより享受できる恩恵をよく比べてみましょう。複式簿記を行うにしては費用対効果が悪いと判断するのであれば、青色申告でも簡易簿記で記帳したり（この場合の特別控除は10万円です）、白色申告を選択するという方法もあるのです。

■ どんな流れで行うか

　白色申告を選択したとしても、すべての白色申告書に対して全く記帳が不要になるというわけではありません。事業所得、不動産所得または山林所得を有する白色申告者には、帳簿の記帳と保存が義務付けられています。ただし、青色申告者と比べれば必須とされている帳簿

の数は少なく、記帳方法も複式簿記より簡易的な簡易簿記によって行います。

　青色申告と白色申告、どちらを選択しても、上記の一定の所得を有する者はある程度の記帳は必要になります。そして、その基本となるのが売上や必要経費の記帳なのです。これらをきちんと把握できなければ、その年の儲けがいくらなのか、ひいては税金がいくらになるのかを計算することができません。

　では、売上や必要経費を記帳するためには、実際にどのような準備や作業が必要になるのかを見ていきましょう。

　まず、どの程度の売上が上がったか把握するための書類を準備しましょう。通常は預金口座に売上金額が振り込まれていると思います。そのため、通帳を見ればどの程度の売上が上がっているかを把握することができます。もし、売上の代金を現金により受け取っている場合は、領収書控えなどにより金額や売上時期を把握します。このため、通帳だけでなく、領収書控えや請求書控えといった証憑もきちんと残しておく習慣をつけておきましょう。これらの売上の根拠となる書類をもとにして、1年間の売上を集計します。

　次に、どの程度の必要経費が発生したかを集計します。必要経費は、売上を上げるために必要となった費用のことです。必要経費の支出内容を把握するためには、その支出に際して受け取った領収書を集めます。

　必要経費に含める費用は、事業に関連して支出したものに限られます。そのため、領収書を集める際は、事業と関係なく支出した領収書を必要経費に含めないように注意する必要があります。こうして集まった領収書の支出金額を集計し、その年の必要経費を集計します。

　ここまでで、売上と必要経費の集計方法を説明してきました。最後に、この1年間の儲けを計算します。儲けは、ここまでで集計してきた売上合計から必要経費合計を控除することで算出されます。

■ 領収書を分類する

　必要経費を集計するために領収書を集める必要があるということは、前述したとおりです。ここでは、集めた領収書を分類する際に注意すべきポイントについて見ていきます。

　領収書をもとにして会計ソフトに入力する際、それぞれの支出がどの勘定科目に該当するのかが重要になってきます。そのため、領収書を勘定科目ごとに分類するという作業が必要になってきます。

　まず、領収書の束から、銀行振込みあるいは自動振替により支払ったものを別に区分しておきます。このように区分すると残りの領収書は、現金により支払ったものが残るはずです。基本的に、必要経費の記帳をする際は、現金支払いの経費は領収書に基づいて、銀行振込みや自動振替により支払った経費は通帳に基づいて行います。そのため、現金支払いと、銀行振込みおよび自動振替の領収書が混ざった状態になっていると、必要経費を二重に記帳してしまうおそれがあるのです。

　領収書を現金支払いのものとそれ以外のものとで分類した後、いよいよ勘定科目ごとに領収書を分類していきます。いきなり勘定科目ごとに分類してもよいのですが、慣れていない人はまずはざっくり4つのグループに分けていきましょう。個人事業主の場合は、必要経費についてそれほど多くの勘定科目を必要としないことが多いようです。そのため、必要経費の中でも特に割合が大きいと考えられる②交通費、ⓑ購入費、ⓒ飲食費そして、ⓓこれらのどれにも当てはまらない費用に分けていきます。これらのグループに分類された必要経費は、それぞれ「旅費交通費」「消耗品費」「接待交際費」という勘定科目に該当することになります。どれにも当てはまらなかった領収書については、そのつど該当する勘定科目を確認していきましょう。

　領収書を分類する作業の際に注意すべきことは、「事業と関係のない領収書を省く」ということです。この点は領収書を集める際の注意点としても説明しましたが、分類していく過程においてもプライベー

トでの飲食費や生活費などが混ざってしまっていないかよく注意して見ておくようにしましょう。

■ 通帳への書き込みに工夫する

通帳は、売上や必要経費を集計するのに必要な書類です。この通帳にひと工夫加えるだけで、便利な帳簿とすることができ、経理作業の手間を減らすことができるのです。なお、通帳での作業を行う際は、書き損じても大丈夫なようにコピーをとって行うことをお勧めします。

まず、通帳から売上を把握してみましょう。売上は通帳の入金欄に表れます。売上による入金にマーカーなどを引いておけば、すぐに売

■ 通帳の活用 ‥‥‥‥‥‥‥‥‥‥‥‥‥‥‥‥‥‥‥‥‥‥‥‥‥‥‥‥‥‥

年月日	備考	お支払金額	お預かり金額	差引残高	
○××	‥‥‥		300,000	450,000	
×××	‥‥	20,000		430,000	
×××	‥‥	30,000		400,000	
×××	○×商事4月分		150,000	550,000	※売上
×××	‥‥	10,000	☆経費	540,000	(マーカーで色分け)
×××	‥‥	50,000	☆経費	490,000	
×××	‥‥	350,000	☆仕入	140,000	
×××	‥‥‥		500,000	640,000	※売上
×××	‥‥		10,000	650,000	※売上
×××	‥‥	20,000	☆経費	630,000	
△××	‥‥	‥‥	‥‥	‥‥	
△××	‥‥	‥‥	‥‥	‥‥	

（★コピーを取る）

　★請求書等と金額を照合し、内容を書き込んでおく

　　○×商事
　　　請求書
　　　4月分

★月末ごとにラインで区切っておく

注意点　★事業用とプライベートの通帳は分けておくこと
　　　　★現金で受け取った売上代金はすぐに預け入れておくとよい

上であるということがわかり、集計する際にも便利です。また、請求書控えとあわせて見ることでどの入金が何月分の売上に該当するかがわかりますので、何月分にあたるかも書き込んでおきましょう。ここでチェックした売上を合計すれば、その年の売上金額を把握することができます。もし、現金で受け取った売上代金がある場合は、売上の集計の際にそれらを加えることを忘れないようにしましょう。現金で受け取った売上代金を預金口座に入金してしまうことで、通帳で集計できるようにするのも一つの手です。

　次に、必要経費を見ていきましょう。銀行振込みや自動振替により支払いを行っている場合は、通帳の出金欄で把握することができます。月末ごとにラインを引いて区切れば、毎月発生している支出なども把握することができます。家賃、電話代、水道光熱費などの支出ごとに色を分けてマーカーを引いておくと、後で集計する際にとても便利です。

　このように通帳を帳簿化するにあたり、事業用とプライベート用の通帳を分けておくことをお勧めします。どちらも同じ通帳になってしまっていると、プライベートでの入金や支払いを分ける作業が必要になり、かえって手間がかかってしまうからです。

■ 後は集計するだけ

　ここまでで、領収書や通帳をもとにして売上や必要経費を把握する方法を説明してきました。確定申告の際は、1年間の事業活動により生じた売上と必要経費の合計を記載し、それらの金額をもとに税金を計算していきます。ここまで説明したように領収書や通帳の整理をしておけば、後はパソコンや電卓などで1年間の売上や必要経費を合計するだけです。

経費と領収書の関係について教えてください。

　　　支出の内容が事業に関係したもので、領収書のように支払っ
　　　た事実を証明する書類があれば、その支払いは経費として認
められます。経費は確定申告における所得税の計算上、収入から差し
引くことができます。この収入から経費を差し引いた結果を所得とい
います。所得税は所得に対してかかります。

　もし領収書を紛失してしまうと、事業に関係した経費の支払であっ

■ 一般的な経費科目の具体例 ………………………………………………

租税公課	固定資産税、自動車税、印紙税などの税金、同業者組合、商店会などの会費や組合費
荷造運賃	商品の梱包材料費や運送費
水道光熱費	水道、電気、ガス、灯油などの購入費
旅費交通費	電車、タクシーなどの代金や出張の宿泊費など
通信費	切手代、電話代、インターネット使用料など
広告宣伝費	新聞や雑誌の広告料、陳列装飾等の費用、カレンダーなどの名称印刷代
接待交際費	得意先との飲食費、中元、歳暮などの贈答品など
損害保険料	火災保険料、自動車の損害保険料など
修繕費	店舗や乗用車などの修理にかかった費用
消耗品費	短期間で消費する少額物品の購入費、文具、ガソリン、日用品など
減価償却費	建物や機械、車など固定資産の償却費
福利厚生費	従業員のために支出した飲食や慶弔の費用
給料賃金	給料、賃金、退職金の他、食費や住居など現物支給など
外注費	加工賃など外部へ注文したことによる支出
支払利息	事業用資金の借入利息
地代家賃	事務所や店舗の家賃など
雑費	事業を行う上で発生した費用で、少額かつ上記などの設定した科目のいずれにも当てはまらないもの

ても、その支出を証明する物的な証拠がないため、税務署から経費として認めてもらえないことになってしまうかもしれません。

　また、個人事業主にありがちなのが、領収書をひとまとめにして保管し、後でまとめて経費の集計をするケースです。このような場合、確定申告の際などに経費を集計しようとしても、どれがどのような目的で支出したものかわからなくなってしまいます。領収書の管理は非常に大切です。こまめに経費の集計ができない場合には、領収書の裏に支出した目的などをメモしておきましょう。

 たいていの領収書は経費で落とせると聞きますが、本当でしょうか。

　経費とは事業活動によって収入を得るために支出した費用のことです。経費として認められるものはあくまで、事業に関係したものでなければいけません。経費として認められるためには、一般的に次の3つを満たすことが重要です。①事業に関係がある支出であること、②支出を証明できる物的証拠があること、③常識の範囲内での支出であること、です。領収書とはまさに②のことです。しかし、その支出が事業に関係のない支出であった場合は経費にはなりません。また事業に関係していても、常識的に考えてあまりにも高額な支出である場合は、経費としては認められません。経費として認められるためにもっとも重要なものは、①の事業に関係した支出であるということです。しかし、事業に関連しているかどうかの判断基準は、事業主の考え方ひとつでも異なってしまうため、明確な線引きができません。そこでポイントとなるのは、客観的に見てその支出が事業と関係しているかどうかです。客観的に見て事業との関係性が乏しい支出を、領収書があるからといって経費で落としても、税務署を納得させるほど、事業との関連性を証明することはできないでしょう。

4 青色申告はどんな人を対象に　　しているのか

不動産所得、事業所得、山林所得がある人が対象になる

■ 所得は10種類に分けられる

　収入から経費などを差し引いたものが所得です。所得税法では、その性格から所得を以下の10種類に区分しています。

---

　①利子所得、②配当所得、③不動産所得、④事業所得、⑤給与所得、

　⑥退職所得、⑦山林所得、⑧譲渡所得、⑨一時所得、⑩雑所得

　これらの所得のうち青色申告の対象となるのは、③不動産所得、④事業所得、⑦山林所得の３種類に限られます。

■ 所得の内容

　10種類の所得の内容と計算方法について、簡単に確認しておきましょう（所得税額の算定方法については、144ページ参照）。

① 利子所得

　利子所得とは、ⓐ公社債の利子、ⓑ預貯金の利子、ⓒ合同運用信託の収益の分配金、ⓓ公社債投資信託の収益の分配金、ⓔ公募公社債等運用投資信託の収益の分配金による所得です。

　利子所得の金額は、その年中に確定した利子等の収入金額の合計額です。利子所得には必要経費がありませんので、利子などの収入金額（源泉徴収される前の金額）が、そのまま利子所得の金額になります。

② 配当所得

　配当所得とは、株式などの配当による所得です。配当所得の金額は、その年中に確定した配当等の収入金額の合計額から元本所有期間に対応する負債利子（株式などを取得するための借入金の利子）があれば

控除して計算します。配当所得の金額は、次のように計算します。

配当所得の金額＝配当所得の収入金額－負債利子

---

③　不動産所得

　不動産所得とは、土地や建物などの賃貸に伴って発生する所得です。不動産所得の金額は、その年中に確定した収入金額から必要経費を差し引いて計算します。

不動産所得の金額＝不動産所得の収入金額－必要経費

---

④　事業所得

　事業所得とは、商品の販売や建設工事の請負による収入、弁護士や公認会計士・税理士などの自由業の収入、医師・歯科医師などの医業収入など、事業に伴って発生する所得です。

　事業所得の金額は、その年中に確定した総収入金額から必要経費を差し引いて計算します。

事業所得の金額＝事業所得の総収入金額－必要経費

---

⑤　給与所得

　給与所得とは、役員報酬、給料、賃金、賞与など給与所得者（会社員や公務員など）が労働の対価として得る所得です。

　給与所得はその年中に確定した給与などの収入金額から概算の必要経費である「給与所得控除」を差し引いて計算します。給与所得控除額は、図（次ページ）のように給与収入金額に応じて計算します。

　なお、職務上必要とされる資格取得費用の支出や単身赴任者の帰宅旅費などの支出（特定支出）が給与所得控除額の2分の1を上回る場合は、その上回る部分の金額を給与所得控除後の所得金額から差し引いて計算してもよいことになっていますが、ほとんど利用されていないのが実情です。

> 給与所得の金額＝給与所得の収入金額－給与所得控除

⑥ 退職所得

　退職所得とは、退職に伴って会社などから受領する退職金や一時恩給などの所得です。また、社会保険制度などにより退職に伴って支給される一時金、適格退職年金契約に基づいて生命保険会社または信託会社から受ける退職一時金なども退職所得とみなされます。退職所得は、原則としてその年中に確定した退職金等の収入金額から「退職所得控除」を差し引いて、その額に２分の１を乗じて計算します。

> 退職所得の金額＝（退職金等の収入金額－退職所得控除額）×1/2

　ただし、役員等勤続年数が５年以下である役員が支払を受ける退職金のうち、その役員等勤続年数に対応する退職金として支払を受けるものについては、上記の1/2を掛けません。また、役員等でなくても勤続年数５年以下の短期退職金について300万円を超える額に関しても同様に1/2を掛けません。

　なお、退職所得控除額は、勤続年数によって、図（143ページ）のように計算します。

■ 給与所得控除額

給与等の収入金額	給与所得控除額
162.5万円以下	55万円
162.5万円超 ～ 180万円以下	給与等の収入金額×40%－10万円
180万円超 ～ 360万円以下	給与等の収入金額×30%＋8万円
360万円超 ～ 660万円以下	給与等の収入金額×20%＋44万円
660万円超 ～ 850万円以下	給与等の収入金額×10%＋110万円
850万円超	195万円（上限）

⑦ 山林所得

　山林所得とは、山林を伐採して譲渡または立木のままで譲渡することによって生ずる所得です。ただ、山林を取得してから5年以内に伐採したり譲渡したりしたような場合は、事業所得または雑所得になります。また、山林を山ごと譲渡する場合の土地の部分は、譲渡所得になります。山林所得の金額は、次のように計算します。

山林所得の金額＝総収入金額－必要経費－特別控除額（最高50万円）

　総収入金額とは、立木の譲渡の対価のことです。必要経費は、植林費などの取得費の他、下刈費などの山林の管理、維持のために必要な管理費、さらに、伐採費、搬出費、仲介手数料などの譲渡するために必要な費用です。山林所得は、他の所得と合計せず、他の所得と異なった計算方法により税額を計算し確定申告することになります。この計算方法は、「5分5乗方式」といわれるもので、次のように計算します。

（課税山林所得金額×1/5×税率）×5

---

⑧ 譲渡所得

　譲渡所得とは、一般的に、土地、建物、ゴルフ会員権などの資産を譲渡することによって生ずる所得です。

　ただ、事業用の商品などの棚卸資産や山林の譲渡、使用可能期間が1年未満の減価償却資産や取得価額が10万円未満の減価償却資産、一括償却資産の必要経費算入の規定の適用を受けた減価償却資産（業務の性質上基本的に重要なものを除く）などの譲渡による所得は、譲渡所得にはなりません。譲渡所得は、次のように計算します。

譲渡所得の金額＝収入金額－（取得費＋譲渡費用）－特別控除額

---

⑨ 一時所得

　一時所得とは、営利を目的とする継続的行為から生じたものでも、

労務や役務の対価でもなく、資産の譲渡等による対価でもない一時的な性質の所得です。一時所得には、ⓐ懸賞や福引きの賞金品、競馬や競輪の払戻金、ⓑ生命保険金の一時金や損害保険の満期返戻金、ⓒ法人から贈与された金品、ⓓ遺失物拾得者や埋蔵物発見者の受ける報労金、といったものがあります。一時所得は、次のように計算します。

> 一時所得の金額＝総収入金額－収入を得るための支出額
> 　　　　　　　　－特別控除額（最高50万円）

⑩　**雑所得**

　雑所得とは、年金や恩給などの公的年金など、非営業用貸金の利子、著述家や作家以外の人が受ける原稿料や印税、講演料や放送謝金などのように、他の9種類の所得のどの所得にもあたらない所得です。雑所得は、次のように計算したものを合計した金額です。

ⓐ　**公的年金等**

　収入金額－公的年金等控除額

ⓑ　**業務に関するもの、その他**

　総収入金額－必要経費

■ **退職所得にかかる税金** ……………………………………………

$$\boxed{退職所得} = (退職金の収入金額 － 退職所得控除額) \times \frac{1}{2}$$

【退職所得控除額】

勤続年数20年以下	40万円×勤続年数（80万円に満たないときは80万円）
勤続年数20年超	800万円＋70万円×（勤続年数－20年）

※1　障害退職のときは、上記控除額＋100万円

※2　勤続年数5年以下の特定役員等の役員等勤続年数に対応する部分の退職所得は、「退職所得＝退職金－退職所得控除額」となり1/2を掛ける必要はない。さらに、令和3年度税制改正により、令和4年以後に生じる退職所得に関しては、特定役員等でなくても、勤続年数が5年以下の短期退職金について300万円を超える分に関しても1/2を掛ける必要はない。

所得税の算定方法について教えてください。

　所得税の計算は以下のようになります。

①　総所得金額を求める

　所得の種類は、利子所得・配当所得・事業所得・不動産所得・給与所得・退職所得・譲渡所得・山林所得・一時所得・雑所得の10種類に分類されます。その10種類に分類された所得は、それぞれの所得について、収入金額から差し引く必要経費の範囲や特別控除などが決められていますので、それに従ってそれぞれの所得金額を計算します。

②　所得控除額を計算する

　各人の個人的事情などを考慮して所得控除額を計算します。災害により資産に損害を受けた場合の「雑損控除」、多額の医療費の支出があった場合の「医療費控除」、配偶者や扶養親族がいる場合の「配偶者控除」や「扶養控除」、所得金額が一定額以下の人に認められている「基礎控除」など、10種類以上の所得控除が設けられています。

③　課税所得金額を求める

　所得金額から所得控除額を差し引いて課税所得金額（1,000円未満切捨）を求めます。

④　所得税額を算出する

　課税所得金額に税率を掛けて所得税額を計算します。税率は、課税所得金額に応じて5％から45％の7段階に分かれています。

⑤　所得税額から税額控除額を差し引く

　税額控除には、配当控除や住宅ローン控除などがあります。配当控除とは、配当を受け取った場合や収益を分配された場合に一定の方法により計算した金額を控除するものです。また、ローンを組んで住宅を購入した場合には、ローン残高に応じて一定の金額が控除できます。

⑥ 源泉徴収税額や予定納税額を差し引く

　税額控除後の所得税額（年税額）から源泉徴収された税額や前もって納付している予定納税額があるときは差し引いて精算します。これで最終的に納める所得税額（100円未満切捨）または還付される所得税額が算出されます。

■ 所得税の速算表 ···

課税される所得金額		税率	控除額
① 195万円以下		5%	0円
② 195万円を超え	330万円以下	10%	97,500円
③ 330万円を超え	695万円以下	20%	427,500円
④ 695万円を超え	900万円以下	23%	636,000円
⑤ 900万円を超え	1,800万円以下	33%	1,536,000円
⑥ 1,800万円超え	4,000万円以下	40%	2,796,000円
⑦ 4,000万円超		45%	4,796,000円

（注）たとえば「課税される所得金額」が700万円の場合には、求める税額は次のようになります。
　　700万円×0.23−63万6,000円＝97万4,000円

■ 所得金額の計算方法 ···

利子所得	収入金額＝所得金額
配当所得	収入金額−元本取得に要した負債の利子
不動産所得	収入金額−必要経費
事業所得	収入金額−必要経費
給与所得	収入金額−給与所得控除額− 特定支出[1]のうち給与所得控除額の2分の1を超える金額
退職所得	（収入金額−退職所得控除額）× $\frac{1}{2}$ [2]
山林所得	収入金額−必要経費−特別控除額（50万円）
譲渡所得	収入金額−（資産の取得費＋譲渡費用）−特別控除額
一時所得	収入金額−その収入を得るために支出した金額−特別控除額（50万円）
雑所得	公的年金等…収入金額−公的年金等控除額 業務に関するものおよびそれ以外…収入金額−必要経費

※1 「特定支出」とは、会社員が職務を遂行する上で必要と認められた一定の支出のこと（140ページ）。
※2 特定役員などの一定の場合の退職所得は、「退職所得＝退職金−退職所得控除額」となり1/2を掛ける必要がない（141ページ）。

5 青色申告による所得税計算上のメリット

青色申告を選択すればさまざまな節税が可能になる

■ 青色申告は節税のための手段として利用する

自営業者などの事業者の所得は、1年間（1月1日～12月31日）の収入金額からその収入を得るのにかかった費用（必要経費）を差し引いて計算します。

収入や費用を集計する場合、日々の売上や仕入に伴う現金の動きなど、何らかの記録をもとにしなければ正確な金額は集計できません。そのため、一定の要件を満たした帳簿に記帳する必要があります。

ただ、帳簿を記帳することや、その帳簿を保存するにはそれなりのコストや手間がかかります。そこで、「青色申告」を適用した場合に、さまざまな特典（優遇措置、147～152ページ）が与えられています。これらの特典を上手に利用すれば、税負担を軽減させることができます。

これに対して、白色申告の場合、青色申告で認められているような優遇措置がありません。そのため、所得税の税額計算をする上では不利な申告方式だといえます。したがって、自営業者や不動産賃貸業者などのように、毎年継続して確定申告を行う人は、青色申告を選択することが節税対策にもつながるといえます。

■ 節税とはどのようなことなのか

事業を行っている者であれば、収入はできるだけ多くして納める税金はできるだけ少なくしたいと思うのは当然です。納める税金を少なくするためには工夫しなければなりません。しかし、法律の範囲を逸脱して、取引の事実を隠したり、書類を改ざんして税金を安くしたりする行為は、「脱税」となり、犯罪行為です。これに対して、法律の

許す範囲内で税負担を軽減する行為を「節税」といいます。つまり、納める税金をできるだけ少なくするためには、できるだけ上手に節税を行う必要があるのです。

■ 青色申告における節税ポイントはどこか

　節税ポイントを検討するにあたり、所得税の計算過程を以下の3つの段階に分け、①〜③のそれぞれの段階ごとにどのようにすれば節税できるのかを検討します。

① 所得を計算する段階
　・法律の範囲内で収入を少なくする
　・法律の範囲内で必要経費を多くする

② 所得控除を適用して課税所得を計算する段階
　・適用できる所得控除（153ページ）は確実に適用して課税所得を減らす

③ 税額控除を適用して所得税額を計算する段階
　・適用できる税額控除（154ページ）があれば確実に適用して所得税額そのものを減らす

　青色申告の制度を利用した場合、上の①の所得を計算する段階では、

■ 青色申告のメリット ……………………………………………………

・青色事業専従者給与の経費算入
・引当金の経費算入
・棚卸資産の評価方法について低価法の採用
・特別償却・特別控除・少額減価償却資産の経費算入など特例の適用
・赤字の繰り越し
・現金主義による所得の計算
・青色申告特別控除の適用

白色申告では認められない支出を必要経費として処理することができます。また、③の所得税額を計算する段階でも白色申告で認められない税額控除項目が青色申告では利用することができます。ここでは、青色申告のメリットを知るために、青色申告の制度を利用して所得を計算する場合に適用される特典を見ていきましょう。

■ 青色専従者給与を必要経費に算入できる

　所得税法では原則として、事業主（個人で自営業を営んでいる人）が自分の家族に対して給料を支払っても、その分の金額を必要経費とすることが認められていません。しかし、中には、事業主の下で他の従業員と同じように働いている家族従業員もいます。また、家族の手伝いがあってこそ自営業者は事業を継続して営んでいくことができるともいえます。そこで、青色申告者（青色申告によって確定申告を行っている者）で、税務署に所定の届出書（青色事業専従者給与に関する届出書）を提出した者については、届出書に記載した金額の範囲内で、家族従業員に支払った給料を必要経費として認められています。

　なお、白色申告の場合、手伝って働いてくれている家族に対する給与を支払っても必要経費に算入することができません。わずかに事業専従者控除（配偶者86万円、その他の家族50万円）を受けられるにすぎません。

■ 引当金を設定することができる

　継続して商売などの事業を営む場合、常に現金で取引を行うとは限りません。むしろ、1か月分など一定期間ごとに売上代金をまとめて受け取ったり、仕入れなどの必要経費をまとめて支払ったりするのが一般的です。このような取引を信用取引といいます。

　信用取引を行った場合、納めた商品の代金や提供したサービスの料金は、その時点では受け取らず、「掛け（ツケのこと）」とします。そ

の後、当事者間であらかじめ定めた時期に「掛け」の代金を現金で受け取ることになります（金融機関などへの振込みによって支払われる場合や小切手・手形によって支払われる場合もあります）。掛けによる売上代金のことを「売掛金」といいます。売掛金はお金を貸しているのと同じ状態ですから、取引の相手が倒産した場合などには回収できなくなる可能性があります。これを「貸倒れ」といいます。

青色申告では、近い将来において発生すると見込まれる貸倒れの金額をあらかじめ見積もって必要経費に算入することができます。この経費のことを「貸倒引当金」といいます。

貸倒引当金のように、近い将来において発生する費用や損失をあらかじめ見積もって計上する経費のことを「引当金」といいます。青色申告者に認められている引当金としては、貸倒引当金の他、退職給与引当金があります。なお、返品調整引当金は平成30年度税制改正により廃止となり、経過措置として令和12年分の所得までは計算上段階的に引き下げられる引当金が計上できるのみとなっています。

■ 棚卸資産の評価方法に低価法を適用できる

年末に在庫として残った棚卸資産の評価額は原則として「原価法」によって計算します。原価法とは、棚卸資産を実際に購入したときの価額（取得価額）で評価する方法です。

青色申告の場合、棚卸資産の評価額を「低価法」によって計算することもできます。低価法とは、年末に残った棚卸資産の時価がその棚卸資産の取得価額（原価）よりも低くなっている場合に、取得価額ではなく、時価で評価額を計算する評価方法です。

棚卸資産の評価額が低くなれば、結果として所得が減りますので、所得税も減らすことができるのです。

■ 特別償却などの特例を適用することができる

建物、車輌、機械、備品などは購入してすぐになくなってしまうものではなく、何年かにわたって使用することで、事業の売上高や収益に貢献します。このように長期にわたって事業のために活用する資産を固定資産といいます。固定資産は取得時に一括して経費として計上することができません。固定資産は「減価償却」という手続きに従って、耐用年数（あらかじめ定められた固定資産の使用可能年数のこと）に基づき数年にわたって分割して経費に計上することになります。

ただ、一定の要件を満たす青色申告者については、通常の減価償却とは別枠で特別に減価償却費を計上できる制度があります。この特別に認められた減価償却の制度を「特別償却」といいます。

たとえば、通常の減価償却限度額が100万円で、特別償却限度額が150万円であれば、その事業者は合計250万円まで減価償却ができるということになります。特別償却は産業の振興といった社会政策的な観点から設けられたもので、非常に多くの種類があります。特別償却の制度を利用することができれば、取得した年（またはその年の翌年）に償却費を増加させることができますので、その分経費を多く計上できます。この結果、所得が減少し、所得税も減少するのです。

特別償却の他には、割増償却、即時償却、少額減価償却資産（取得価額30万円未満）の必要経費算入など、さまざまな特例が設けられています。これらの特例には、適用した年で必要経費を増加させる効果があります。

■ 赤字を繰り越すことができる

もしも赤字が出てしまった場合、青色申告の場合はその損失分を翌年以降3年間にわたって繰り越し、各年の所得から差し引くことができます。つまり、赤字となった年の翌年以降3年間は、赤字額を限度として所得を減らし、その結果として所得税を少なくすることができ

るのです。

　たとえば、前年度に500万円の赤字、当年度に1,000万円の黒字であった場合を考えてみましょう。青色申告でなければ、当年度は1,000万円の所得に基づいた税金を納めることになります。しかし、青色申告を選択している場合、前年度の赤字を損失申告していれば、当年度の黒字の所得1,000万円から前年度の赤字分500万円を差し引いた残額500万円に基づいて税金を計算することができます。

■ 現金主義による所得計算ができる

　所得税法では、収入を計算する場合、売上代金を現金で受け取っていなくても、仕事をしたり、商品を販売したり、サービスを提供した時点で、それぞれ収入（売上）として認識することになっています。また、必要経費についても現金を支出したときに経費に算入するのではなく、たとえば、商品仕入高の場合、商品を仕入れてその後に販売した時点で経費と認識することになります。

　この方法によれば、適正な期間損益計算（その期間の売上と経費を対応させて損益を計算すること）を行うことができますから、結果として、所得計算も正しく示されることになります。一方で、年末に売掛金や買掛金（掛けによる仕入高）などを計上しなければならず、小規模事業者にとっては事務負担が大きくなります。

　そこで、青色申告者で、前々年分の専従者給与などを控除する前の所得金額が300万円以下である事業者に限っては、所得の計算上、実際に現金の収入や支出があった時点で売上や経費を計上することができます。このような計上方法を「現金主義」による計上といいます。

■ 青色申告特別控除を適用することができる

　青色申告者は、事業所得または不動産所得がある場合に、その年の所得から一定の要件により10万円、55万円または65万円を差し引く

（控除）ことができます。この控除の制度を「青色申告特別控除」と
いいます。

　複式簿記で帳簿を記帳していて、確定申告書に貸借対照表を添付し、
さらに電子化要件として、帳簿（仕訳帳や総勘定元帳）を一定の電子
データで保存するか確定申告書を国税庁の納税システム（e-Tax）で
提出した場合には、65万円を控除することができます。何もしなくて
も所得を減らしてもらえるわけですから、納税者にとっては非常に有
利な制度だといえます。ただし、現金主義を選択している場合には65
万円または55万円の控除を受けることができません。なお、電子化要
件が満たさない場合には55万円の控除、簡易簿記や現金主義の場合に
は10万円の控除となります。

　また、不動産所得の場合で65万円または55万円の控除を受けるには、
不動産の貸付けが事業的規模（建物の場合では貸間、アパート等で、
貸与することのできる独立した室数がおおむね10室以上である。独立
家屋の貸付けについては、おおむね5棟以上ある）で行われている必
要があります。

■ **青色申告特別控除** ･･

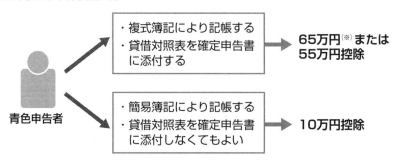

※電子化要件を満たす場合（帳簿を一定の電子データで保存するか確定申告書を国税庁の
　納税システムで提出した場合）

所得控除にはどんなものがあるのでしょうか。

 所得税では、労働者保護のための社会政策などを考慮して、各種の所得控除が設けられています。

　所得控除には、①雑損控除、②医療費控除、③社会保険料控除、④小規模企業共済等掛金控除、⑤生命保険料控除、⑥地震保険料控除、⑦寄附金控除、⑧障害者控除、⑨寡婦・ひとり親控除、⑩勤労学生控除、⑪配偶者控除、⑫配偶者特別控除、⑬扶養控除、⑭基礎控除、の14種類があります。

　所得控除の適用は基本的には本人の所得について判断しますが、障害者控除や扶養控除、配偶者控除のように、配偶者や扶養親族を対象とするものもあります。

　控除の対象となる配偶者に該当するか、または、扶養親族に該当するかは、その年の12月31日の状況により判断します。

■ 所得控除の適用関係

	本　人	配偶者	扶養親族
障害者控除	○	○	○
ひとり親控除・寡婦控除	○		
勤労学生控除	○		
配偶者控除		○	
配偶者特別控除		○	
扶養控除			○
基礎控除	○		

※ ○印がついた人について、該当する事情がある場合にその所得控除が適用される。たとえば、ひとり親控除・寡婦控除や勤労学生控除は納税者本人が、寡婦・ひとり親や勤労学生であることが必要である。一方、障害者控除については、納税者自身だけでなく、納税者の配偶者や扶養親族が所得税法上の障害者にあてはまる場合にも、障害者控除を受けることができる。

Q 税額控除にはどのようなものがあるのでしょうか。

A 税額控除とは、所得税額から直接控除できるとても有利な制度です。同じ控除という名前がつく所得控除は、所得に税率を乗じる前の段階で控除するので、税額に与えるインパクトは、「所得控除額×税率」にとどまります。たとえば、医療費控除は所得控除ですが、支払った医療費全額が還付されるわけではありません。通常は医療費から10万円を引いて税率を乗じた金額になります。一方、税額控除は、所得に税率を乗じた後の所得税額から直接控除することができますので、税額に与えるインパクトはダイレクトに税額控除額そのものになります。税額控除には下図のようにさまざまな種類がありますが、代表的なものとしては、配当控除・外国税額控除・住宅借入金等の特別控除があります。住宅借入金等の特別控除は、年末の住宅ローン残高の0.7%を、一定期間所得税から控除できます。

■ **主な税額控除の種類** ……………………………………………………

主な税額控除
- 配当控除
- 中小事業者が機械等を取得した場合の所得税額の特別控除
- 住宅借入金等の特別控除
- 政党等寄附金の特別控除
- 既存住宅の耐震改修をした場合の所得税額の特別控除
- 既存住宅に係る特定の改修工事をした場合の所得税額の特別控除
- 認定長期優良住宅の新築等をした場合の所得税額の特別控除
- 外国税額控除

Q 個人事業主です。家族については給与を出せると聞いたのですが、事業主自身には給与を出せないのでしょうか。

A 法人経営の場合、社長や役員など経営者に対して支給した役員報酬は、経費になります。しかし個人事業の場合、経営者本人に給与を出すという考え方はありません。事業で得た収入から経費を差し引いて残った儲けの部分は、すべて経営者のものであるとみなされるからです。ただ、事業用の口座から「家計費」として、お金を引き出す場合があります。経費にならないからと言って帳簿に記録しないと預金残高が合わなくなってしまいます。その場合には、「事業主勘定」という、収入や費用に関係させない勘定科目を用いて記録します。

●家族へ出す給与の取扱い

質問内容にもあるように、家族へ出す給料については経費として計上することができます。この場合、「生計」つまり家計が同じであるか別であるかで取扱いが異なります。生計を別にしている場合は、給与として支給した分が経費となります。妻や子どもなど同じ家で暮らし、生計を同じくしている家族に対する給与の経費算入には、後述しますように、税法上の制約があります。

●事業専従者給与とは

生計を同じくする家族で、事業主と一緒に仕事をして給与をもらっている人のことを「事業専従者」といいます。事業専従者に支給する給与は経費算入することができます。裏を返せば、労働の実態がない家族に給与を出すことは認められないということです。さらに、事業を手伝っている場合も、「事業に専ら従事している」と判定されるための条件を満たす必要があります。1年間のうち6か月以上事業に従事していれば、事業に専ら従事しているということで、事業専従者の取扱いとなります。事業専従者に対する給与を「事業専従者給与」と

いいます。事業専従者給与と判定された場合には、生計が同じ家族の給与も経費になります。

　青色申告である場合の「青色事業専従者給与」については、「青色事業専従者給与に関する届出書」を提出していれば支出した金額が経費となります。白色申告の場合、事業専従者への給与は事業専従者控除として所得控除が認められています。この事業専従者控除には上限が定められており、上限に達するまでの金額を控除することができます。なお、上限額は、50万円（配偶者の場合86万円）と、所得を「事業専従者の人数＋1」で割った金額とのいずれか低い金額です。

■ 経費になる給与の範囲 ……………………………………………………

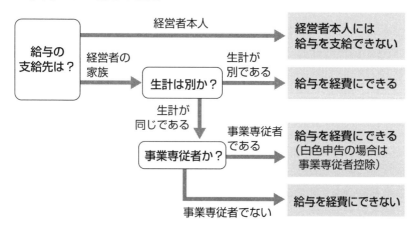

開業するとしたら、税金対策上は、いきなり法人化した ほうがよいのでしょうか。それとも個人事業主のほうが 得なのでしょうか。

 個人事業主と法人のどちらで開業するかは悩みどころです。法人の設立自体に、それほど多額の費用が必要になるわけではありません。また取引先や金融機関への信用力は、個人事業主であるよりも法人であるほうが、一般的には高く見られます。しかし設立についての手続きは法人のほうが煩雑です。

では税金対策といった観点からはどうでしょうか。

事業によって得た利益に対して課される税金を、法人であれば法人税、個人事業主であれば所得税といいます。この法人税と所得税はそれぞれ計算のルールが異なりますが、決定的に違うのは税率です。法人税の税率はいくら利益が出ても一定です。それに対して所得税の税率は累進課税といって、利益を得ればそれだけ高い税率が課されます。法人税率は、法人の種類や資本金等の規模により15％から23.2％、所得税率は、所得に応じて5％から45％（一定の控除額あり）となっています。また、個人事業主も法人も住民税や事業税などの他の税金も考慮する必要はありますが、一般的に事業からの所得がある水準を超える場合、法人のほうが税金対策上有利になります。この「ある水準」とは、所得にして数百万円以上というのが一般的なボーダーラインと言われています。

●**法人は自分に払う給与も経費にできる**

個人事業主は売上からそれに対応した仕入や経費を差し引いた残りが個人の所得となり、税金を支払います。税金を支払った残りが個人事業主の生活費となります。つまり個人の生活費を差し引く前の所得に基づいて税金が課されます。

一方、法人税では、売上から仕入や経費を差し引いて利益を計算す

るのは所得税と同様ですが、法人の経営者であるあなたの給与も経費として認められます。つまりあなたの生活費も差し引いた上で税金が課されます。この点でも法人のほうが税金対策上は有利だといえます。

●消費税は開業後の免税期間が重要

　消費税については個人事業主と法人のどちらで開業しても、原則として２年間は免税されます。仮に個人事業主で開業し、もし２年後に法人化すると、法人化してからの２年はやはり原則として免税されます。こうした観点から、個人事業主として開業し、その後法人化するのが税金対策上は有利だといえます。ただし２年間の免税については例外があり、開業もしくは法人化した年の開始以後６か月間（個人事業主の場合は、開業した日からその年の６月30日までの期間）の課税売上高が1,000万円を超えてしまうと、２年目は課税事業者となるため、注意が必要です。

●法人化を段階的に検討するのがベター

　開業する際には、事業でいったいどれだけの所得が得られるかを明確に計算することはできません。経済状況や環境の変化、トレンドなど、さまざまな要因によっても大きく左右されます。そこでまずは個人事業主として開業し、事業が軌道に乗って所得が数百万円規模になる、もしくはそれを超えそうであれば具体的なシミュレーションを行い法人化を検討する、という進め方がベターでしょう。そうすれば法人税におけるメリットも享受しつつ、消費税における免税期間も税金対策上、有効に活用できるからです。

6 開業するときの税金関係の届出について知っておこう

従業員を雇った場合の手続きには注意する

■ 個人開業における税金関係の届出書類の種類

個人で開業する場合、以下の届出が必要です。

・個人事業の開廃業等届出書

新たに事業開始する場合、事業を始めることを知らせるために、管轄の税務署へ「個人事業の開廃業等届出書」を提出する必要があります。提出期限は事業を開始した日から1か月以内です。

なお、従業員を雇用する場合は、「給与等の支払の状況」欄に、人数や支払方法、源泉徴収の有無を忘れずに記入しましょう。

・青色事業専従者給与に関する届出書

青色申告の承認を受ければ、家族従業員（専従者）に給与を支払うこともできます。その場合、「青色事業専従者給与に関する届出書」を、経費に算入しようとする年の3月15日までに提出します。ただし1月16日以後に開業した場合は、開業の日から2か月以内に提出する事になります。届出の範囲内の額に限り、支払った給与が必要経費として認められます。

・所得税の棚卸資産の評価方法・減価償却資産の償却方法の届出書

棚卸資産の評価額の計算や減価償却の計算については、特に届出をしなかった場合、税法で定められた計算方法を採用しなければなりません。たとえば減価償却（150ページ）では、所得税における法定償却方法は旧定額法または定額法ですが、定率法による届出を行うことにより、早く費用に変えることができ、一般的には納税者に有利になります。これらの届出は、届け出た計算方法を採用する年の確定申告の期限までに提出します。

・所得税の青色申告承認申請書

　青色申告を行う場合、「青色申告承認申請書」の提出が必要です。最初に青色申告をしようとする年の3月15日までに管轄の税務署に申請しなければなりません。ただし1月16日以後に開業した場合は、開業の日から2か月以内に提出する事になっています。

・事業開始等申告書

　個人事業を開業した場合には個人事業税などの支払いが必要になるため、個人事業を開始したことを地方自治体に申告します。東京都23区の場合、事業所を設けた日から15日以内に、都税事務所に「事業開始等申告書」を提出します。

従業員を雇用する場合

　新たに従業員を雇用して給料を支払う場合、1か月以内に「給与支払事務所等の開設届出書」を所轄税務署に提出する手続きが必要です。個人事業者の場合、開廃業等届出書に従業員に関する記入欄が設けられているため、この届出書の提出は通常では不要です。ただし提出を求められる場合もありますので事前に確認しておくとよいでしょう。

　また、開業時には事業主1人で活動しており、事業が軌道に乗ってから事務員を雇うケースなど、開業と従業員の雇用の時期が異なる場合は、個人事業の開廃業等届出書に「給与等の支払状況」を記載していないため、給与支払事務所等の開設届出書の提出が必要となります。

　源泉徴収（従業員の税金を給料から天引きして納めること）した所得税は、基本的にその徴収の日の属する月の翌月10日までに、つまり毎月国に納付しなければなりません。しかし、給与の支給人員が常時9人以下の場合には、特例により、半年分をまとめて納付する方法が認められています。この特例を受けようとする場合には「源泉徴収の納期の特例の承認に関する申請書」を提出します。

■ 消費税はどのような場合に課税されるのか

消費税は、国内で物を購入する、サービスの提供を受けるという行為（消費行為）について課税される税金です。ただし、事業者のうち、その課税期間の基準期間（その年の前々年のこと）における課税売上高が1,000万円以下であるなど、一定の事業者については、その課税期間の消費税の申告・納税は免除されます。事業開始初年度及び2年目は、基準期間における課税売上高がないため免税事業者になります。

また、事業開始初年度の1月1日から6月30日までの期間（特定期間）の課税売上高または給与等の支払い合計が1,000万円を超える場合は事業開始2年目では課税事業者に該当します。なお、事業開始初年度の7月1日から12月31日の間に開業した場合は、2年目においては特定期間による判定はありません。

■ 個人が新たに事業をはじめた時の申告所得税についての届出 …

税目	届出書	内容	提出期限
申告所得税	個人事業の開廃業等届出書	事業の開廃業や事務所等の移転があった場合	事業開始等の日から1か月以内
	所得税の青色申告承認申請書	青色申告の承認を受ける場合（青色申告の場合には各種の特典がある）	承認を受けようとする年の3月15日まで（その年の1月16日以後に開業した場合には、開業の日から2か月以内）
	青色事業専従者給与に関する届出書	青色事業専従者給与を必要経費に算入する場合	青色事業専従者給与額を必要経費に算入しようとする年の3月15日まで（その年の1月16日以後開業した場合や新たに事業専従者を使いだした場合には、その日から2か月以内）
	所得税の棚卸資産の評価方法・減価償却資産の償却方法の届出書	棚卸資産の評価方法および減価償却資産の償却方法を選定する場合	開業した日の属する年分の確定申告期限まで

税務署受付印

1 0 4 0

個人事業の⦿開業・~~廃業~~等届出書

大田　税務署長	

5 年 4 月 6 日提出

納 税 地	○住所地・○居所地・⦿事業所等（該当するものを選択してください。） （〒144 - ○○○○） 東京都大田区××××○－○－○ （TEL 03 -××××-××××）
上記以外の 住 所 地・ 事 業 所 等	納税地以外に住所地・事業所等がある場合は記載します。 （〒　　-　　） （TEL　　-　　-　　）
フリガナ 氏　　名	ニシグチ　ユキオ 西口 幸雄　㊞	生年月日	○大正 ⦿昭和 ○平成 ○令和 51 年 3 月 1 日生
個 人 番 号	×│×│×│×│×│×│×│×│×│×│×│×
職　　業	不動産業	フリガナ 屋　号	ニシホーム 西ホーム

個人事業の開廃業等について次のとおり届けます。

届出の区分	⦿開業（事業の引継ぎを受けた場合は、受けた先の住所・氏名を記載します。） 　住所 東京都大田区××××○－○－○　　　氏名 西口 幸雄 　事務所・事業所の（○新設・○増設・○移転・○廃止） ○廃業（事由） 　（事業の引継ぎ（譲渡）による場合は、引き継いだ（譲渡した）先の住所・氏名を記載します。） 　住所　　　　　　　　　　　　　　　　　氏名
所得の種類	○不動産所得・○山林所得・⦿事業（農業）所得〔廃業の場合……○全部・○一部（　　　　　）〕
開業・廃業等日	開業や廃業、事務所・事業所の新増設等のあった日 令和5 年 4 月 3 日
事 業 所 等 を 新増設、移転、 廃止した場合	新増設、移転後の所在地　　　　　　　　　　　　（電話） 移転・廃止前の所在地
廃業の事由が法 人の設立に伴う ものである場合	設立法人名　　　　　　　　　　代表者名 法人納税地　　　　　　　　　　　　　設立登記　　年　　月　　日
開業・廃業に伴 う届出書の提出 の有無	「青色申告承認申請書」又は「青色申告の取りやめ届出書」　　　　⦿有・○無 消費税に関する「課税事業者選択届出書」又は「事業廃止届出書」　⦿有・○無
事業の概要 〔できるだけ具体 的に記載します。〕	賃貸不動産の仲介

給与等の支払の状況	区　分	従事員数	給与の定め方	税額の有無	その他参考事項
	専従者	1 人	月給	⦿有・○無	
	使用人	1	日給	⦿有・○無	
				○有・○無	
	計				
源泉所得税の納期の特例の承認に関する申請書の提出の有無		⦿有・○無	給与支払を開始する年月日	令和5 年 4 月 25 日	

関与税理士									
（TEL　　-　　-　　）	税務署整理欄	整理番号		関係部門連絡	A	B	C	番号確認	身元確認
		0							□ 済 □ 未済
		源泉用紙交付	通信日付印の年月日	確認印	確認書類 個人番号カード／通知カード・運転免許証 その他（　　　　）				
			年　月　日						

162

| | | | | | | 1 | 0 | 9 | 0 |

税務署受付印

所得税の青色申告承認申請書

_____大田_____ 税務署長

5 年 4 月 6 日提出

納税地	○住所地・○居所地・●事業所等（該当するものを選択してください。） （〒 144 - 0000） **東京都大田区×××× ○ - ○ - ○** （TEL 03 - ×××× - ××××）
上記以外の 住 所 地 ・ 事 業 所 等	納税地以外に住所地・事業所等がある場合は記載します。 （〒　－　） （TEL　－　－　）

フリガナ	ニシグチ ユキオ	生年月日	○大正 ●昭和 51 年 3 月 1 日生 ○平成 ○令和
氏 名	西口 幸雄 ㊞		
職 業	不動産業	屋 号 フリガナ ニシホーム	西ホーム

令和 2 年分以後の所得税の申告は、青色申告書によりたいので申請します。

1　事業所又は所得の基因となる資産の名称及びその所在地（事業所又は資産の異なるごとに記載します。）

名称　　**西ホーム**　　　所在地　**東京都大田区×××× ○ - ○ - ○**

名称　　　　　　　　　　　所在地

2　所得の種類（該当する事項を選択してください。）

●事業所得　・○不動産所得　・○山林所得

3　いままでに青色申告承認の取消しを受けたこと又は取りやめをしたことの有無

(1)　○有（取消し・○取りやめ）　　　年　　月　　日　　(2) ●無

4　本年1月16日以後新たに業務を開始した場合、その開始した年月日 **令和 5 年 4 月 3 日**

5　相続による事業承継の有無

(1)　○有　相続開始年月日　　　年　　月　　日　　被相続人の氏名　　　　　　　　　(2) ●無

6　その他参考事項

(1)　簿記方式（青色申告のための簿記の方法のうち、該当するものを選択してください。）

　　●複式簿記・○簡易簿記・○その他（　　　　　　　　　）

(2)　備付帳簿名（青色申告のため備付ける帳簿名を選択してください。）

　　●現金出納帳・●売掛帳・●買掛帳・○経費帳・●固定資産台帳・●預金出納帳・○手形記入帳
　　○債権債務記入帳・●総勘定元帳・●仕訳帳・○入金伝票・○出金伝票・○振替伝票・○現金式簡易帳簿・○その他

(3)　その他

関与税理士 （TEL　－　－　）	税務署整理欄	整 理 番 号	関係部門連絡	A	B	C
		0				
		通信日付印の年月日	確認印			
		年　月　日				

7 青色申告の記帳義務について知っておこう

帳簿の記載ルールを覚える

■ 帳簿は一定期間保存しておかなければならない

　所得税法では、青色申告を適用する場合、備え付けておくべき帳簿を次のように定めています。

① **複式簿記による場合**

　仕訳帳と総勘定元帳

② **簡易簿記による場合**

　現金出納帳、売掛帳、買掛帳、経費帳、固定資産台帳

③ **現金主義による場合の簡易帳簿**

　現金出納帳、固定資産台帳

　①〜③の帳簿には、「取引年月日」「内容」「相手先」「金額」などを記載することになっています。

　帳簿というと面倒なもののように思いがちですが、決してそのようなことはありません。帳簿の記帳はほとんどが反復した取引を簡単に目に見える形に積み重ねていくだけです。ルールを理解すれば決して難しいものではないのです。

　なお、帳簿や書類は、確定申告が終わったからといって処分することが許されるわけではありません。原則として7年間（現金預金取引関係書類以外の証拠書類、たとえば納品書などは5年間）保存しなければなりません。段ボール箱などに「○年分」と記載し、1年分の帳簿やその他の書類をまとめて保存するようにしましょう。

第5章

個人事業主と消費税・
インボイス制度の影響と対策

1 消費税とインボイス制度について知っておこう

令和5年10月から適格請求書等（インボイス）へ移行される

🔲 どんな税金なのか

　消費税とは、「消費をする」という行為に税を負担する能力を認め、課される税金です。「消費をする」とは、物を購入する、賃貸する、情報などのサービスを受ける、というような行為のことをいいます。

　税を負担するのは法人・個人にかかわらず消費行為をした「消費者」です。税金は、消費者から商品やサービスの代金と一緒に徴収されます。消費者から代金と一緒に徴収された消費税は、実は税金を徴収した店や会社が納付することになっています。このような税の負担者が直接納付せず、負担者以外の者が納付するしくみの税金を、間接税といいます。

　平成元年に3％の税率で導入された消費税は、平成9年4月1日から5％に税率が引き上げられました。その内訳は、国税4％、地方税1％という構成です。この税率が平成24年8月に成立した「社会保障の安定財源の確保等を図る税制の抜本的な改革を行うための消費税法の一部を改正する等の法律」の成立により、平成26年4月1日からは国税6.3％及び地方税1.7％で合計8％に、そして令和元年10月1日からは国税7.8％及び地方税2.2％で合計10％に、税率が引き上げられました。また、時を同じくして一定の飲食料品や新聞については軽減税率（税率8％）も導入されました。

🔲 具体例で見る流通の流れ

　消費税は、店や会社などの事業者が消費者の代わりに徴収して納めるということでした。買い物をしたときに店から受け取るレシートを見ると、本体○○円、消費税××円というように、内訳に消費税額が

記載されています。しかし、この金額は、そっくりそのまま税務署へ納められるわけではありません。

　消費税を納めるべき事業者は、商品やサービスを消費者へ供給する立場ですが、一方で商品を仕入れたり備品を購入したりするため、消費者の立場でもあります。つまり事業者は物品の購入等と共に税を負担し、消費者からは税を徴収しているということになります。

　もし徴収した税額のみを納めた場合、自身が負担した税はコストの一部となり、販売金額に上乗せされてしまいます。税額が流通ルートに乗って、雪だるま式にふくれあがってしまうわけです。消費税の計算は、このような「税の累積」を排除するため、実は徴収した税額から負担した税額を控除して納めるしくみになっています。

　具体例を使って、商品の製造から消費者に届くまでの流れを見ていきましょう。税率は通常税率である10％とします。

　ある商品が製造業者甲社、から卸売業者乙社を経て、消費者に渡るとします。製造業者である甲社は、販売価格10,000円の商品を作った

■ **消費税のしくみ** ･･･

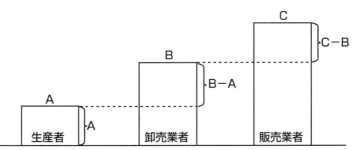

生産者が納付する消費税　A
卸売業者が納付する消費税　B－A
販売業者が納付する消費税　C－B
納付される消費税の合計　＝A＋（B－A）＋（C－B）
　　　　　　　　　　　　　＝C
　　　　　　　　　　　　　＝最終消費者が負担する消費税

とします。ちなみに、これに対する消費税額は1,000円です。この商品を卸業者乙社に販売した場合、甲社は乙社から商品代金10,000円と同時に消費税1,000円も受け取ります。この時に徴収した1,000円の消費税は、甲社が申告、納付することになります（製造のためのコストはなかったものとします）。

　乙社は10,000円で甲社から仕入れた商品を、消費者に20,000円で販売したとします。乙社は消費者から20,000円と消費税2,000円を徴収します。乙社が受け取った消費税は2,000円ですが、ここから甲社へ支払った1,000円を控除し、残額の1,000円を申告、納付することになります。

　甲社から消費者までの納付税額の流れは以下のような算式になります。

　1,000円＋（2,000円－1,000円）＝2,000円

　つまり、納められた消費税の合計額は、最終消費者が負担した2,000円と一致することがわかります。甲社、乙社は、消費者から預かった税金をそれぞれ分担して納付しているということになります。

■ 区分記載請求書等と適格請求書等

　令和元年10月以降は、軽減税率８％と標準税率10％が併存しており、請求書等の記載事項に留意する必要があります。請求書等については、具体的には、軽減税率制度が開始された令和元年10月１日から令和５年９月30日までの取引は「区分記載請求書等制度」が適用されており、そして令和５年10月１日からの取引より「適格請求書等制度（インボイス制度）」が適用されます。

■ 区分記載請求書等の記載事項（令和５年９月30日以前の取引）

　区分記載請求書等制度では、売り手は買い手からの求めに応じて次のような記載事項を完備した区分記載請求書等を買い手に交付する必要があります。

① 　区分記載請求書等発行者（売り手）の氏名または名称

② 取引年月日

③ 取引の内容（軽減税率の対象資産の譲渡等があればその旨）

④ 税率ごとに区分して合計した課税資産の譲渡等の対価の額（税込額）

⑤ 書類の交付を受ける事業者（買い手）の氏名または名称

　なお、不特定多数の者に対して販売等を行う小売業等については、買い手の氏名等の記載を省略できます。

■ 適格請求書等の記載事項（令和5年10月1日以降の取引）

　令和5年10月1日から始まるインボイス制度では、売り手（課税事業者）は買い手からの求めに応じて次のような記載事項を完備した適格請求書等を買い手に交付し、また交付した適格請求書の写しを保存する義務が課されます。

① 適格請求書発行事業者（売り手）の氏名または名称及び登録番号

② 取引年月日

③ 取引内容（軽減税率の対象品目である場合はその旨）

④ 税率ごとに合計した対価の額（税抜または税込）及び適用税率

⑤ 税率ごとに区分して合計した消費税額等

⑥ 書類の交付を受ける事業者（買い手）の氏名または名称

　区分記載請求書等とは次の点が異なります。①の売り手の氏名等には、適格請求書発行事業者としての登録番号の記載が追加されます。登録番号は、「Ｔ＋13桁の番号」になり、法人の場合の13桁の番号は法人番号と同じになります。④の対価の額には、税率ごとの合計の対価の額が税抜または税込で記載することになり、適用税率の記載が追加されます。⑤では、消費税額の記載が追加されます。

　なお、不特定多数の者に対して販売等を行う買い手の氏名等の記載省略の取扱いについても区分記載請求書等の場合と同様です。

■「軽減対象資産の譲渡等である旨」の記載の仕方

軽減税率の対象となる商品がある場合には、区分記載請求書等も適格請求書等も、軽減対象資産の譲渡等であることが客観的に明らかだといえる程度の表示が必要であり、たとえば次のいずれかのように記載します。

・個々の取引ごとに8％や10％の税率を記載する
・8％の商品に「※」や「☆」といった記号や番号等を表示し、かつ、「※（☆）は軽減対象」などと表示することで、軽減対象資産の譲渡等である旨」を明らかにする
・8％の商品と10％の商品とを区別し、8％として区別されたものについて、その全体が軽減税率の対象であることを記載する
・8％の商品と10％の商品で請求書を分けて作成し、8％の請求書には軽減税率の対象であることを記載する

■ 会計帳簿への記載事項

会計帳簿には、区分記載請求書等や適格請求書等いずれにおいても、「仕入先の氏名または名称」「取引年月日」「取引の内容」「取引金額」の他に、その商品が軽減税率8％の対象であれば取引の内容に「軽減税率の対象品目である旨」を明記する必要があります。つまり、その取引が軽減税率の対象であるのかどうかを帳簿上区分しておく必要があるということです。

■ インボイス制度導入後の免税事業者からの課税仕入の取扱いはどう変わる

区分記載請求書等は誰でも発行することができますが、適格請求書等を発行するには、事前に税務署へ一定の申請を行って適格請求書発行事業者として登録を受けておく必要があります。この登録は課税事業者でないと行えないルールとなっていますので、免税事業者は課税事業者に変更しない限り適格請求書等の発行ができません。

また、課税仕入に対する仕入税額控除の適用を受けるには、適格請求書発行事業者が発行する適格請求書等を受領する必要があるため、免税事業者が発行する請求書等では、令和5年10月以降は原則として仕入税額控除を受けることができなくなります。ただし、区分記載請求書等と同様の事項が記載された請求書等を保存し、帳簿に軽減税率に関する経過措置の規定の適用を受けることが記載されている場合には、次の一定期間においては仕入税額相当額の一定割合を仕入税額として控除できる経過措置が設けられています。

・令和5年10月1日から令和8年9月30日までの期間は仕入税額相当額の80%
・令和8年10月1日から令和11年9月30日までの期間は仕入税額相当額の50%
　インボイス制度で認められる請求書等には次のものがあります。

・適格請求書または適格簡易請求書
・仕入明細書等（適格請求書の記載事項が記載されており、相手方の確認を受けたもの）
・卸売市場において委託を受けて卸売の業務として行われる生鮮食品等の譲渡及び農業協同組合等が委託を受けて行う農林水産物の譲渡について、委託者から交付を受ける一定の書類
・上記の書類に関する電磁的記録（電子ファイル等）

■ 会計帳簿の記載例 ……………………………………………………………

総勘定元帳（仕入）			
月　日	相手科目	摘　要	借　方
10/31	現金	○○食品㈱　※米・牛肉　10月分	19,440
10/31	現金	○○食品㈱　　　ビール　10月分	6,600
			※軽減税率対象

区分記載請求書等の場合も適格請求書等の場合も、「軽減税率の対象品目である旨」を追記する

適格簡易請求書とは

　不特定多数の者に対して販売等を行う小売業、飲食店業、タクシー業等については、通常の適格請求書等とは異なり次の通り記載事項を一部簡略化した「適格簡易請求書」を交付することができます。

① 適格請求書発行事業者（売り手）の氏名または名称及び登録番号

② 取引年月日

③ 取引内容（軽減税率の対象品目である場合はその旨）

④ 税率ごとに合計した対価の額（税抜または税込）

⑤ 税率ごとに区分して合計した消費税額等または適用税率

　適格請求書との違いは、買い手の氏名（名称）の記載が不要であること、また消費税額等または適用税率のいずれかを記載（適格請求書は両方とも記載）すればよいことになっています。

適格請求書の交付義務が免除される場合

　不特定多数の者などに対してその都度適格請求書を交付するのも実務上困難が生じる場合があり、以下の取引などは適格請求書の交付義務が免除されます。

① 公共交通機関による旅客の運送（3万円未満のもの）

② 出荷者等が卸売市場において行う生鮮食料品等の譲渡（出荷者から委託を受けた受託者が卸売の業務として行うもの）

③ 生産者が行う農業協同組合、漁業協同組合または森林組合等に委託して行う農林水産物の販売（無条件委託方式かつ共同計算方式により生産者を特定せずに行うもの）

④ 自動販売機及び自動サービス機により行われる課税資産の譲渡等（3万円未満のもの）

⑤ 郵便切手類を対価とする郵便・貨物サービス（郵便ポストに差し出されたもの）

■ インボイス（適格請求書等）を発行するための手続き

適格請求書等を発行できるようにするためには、「適格請求書発行事業者の登録申請書」を納税地を所轄する税務署長に提出する必要があります（郵送により登録申請書を提出する場合の送付先は、各国税局のインボイス登録センター）。

インボイス制度の開始日である令和5年10月1日から適格請求書等を発行するには、令和5年9月30日までに提出し、税務署長により適格請求書発行事業者の登録を受ける必要があります。

適格請求書発行事業者の情報は、「国税庁適格請求書発行事業者公表サイト」において、適格請求書発行事業者の氏名または名称、本店または主たる事務所の所在地（法人の場合）、登録番号、登録年月日、登録取消年月日・登録失効年月日が公表されます。個人事業者も任意で主たる屋号や主たる事務所の所在地等の公表が可能です。

■ 適格請求書の記載例（令和5年10月1日以降） ·····················

株式会社〇〇御中

請求書

東京都 XX 区 XX1-23-4
〇〇株式会社
（登録番号 TXXXXXXXXXXXX）

令和5年10月分

月日	品名		金額
10 / 1	米	※	10,800 円
10 / 8	牛肉	※	8,640 円
10 /20	ビール		6,600 円
合計			26,040 円

（ 8% 対象　18,000 円　消費税 1,440 円）
（10% 対象　 6,000 円　消費税　600 円）
※軽減税率対象

なお、免税事業者が登録を受けるためには、原則として、「消費税課税事業者選択届出書」を提出し、課税事業者となる必要があります。ただし、登録日が令和5年10月1日から令和11年9月30日までの日の属する課税期間中である場合は、課税事業者選択届出書を提出しなくても登録申請書のみを提出することで登録を受けることができます。

■ 消費税負担・事務負担の軽減に関する経過措置

　令和5年度税制改正により、インボイス制度導入後、一定の事業者に対して次のような消費税負担・事務負担の軽減措置が追加されています。

・小規模事業者に対する税額控除の経過措置（2割特例）

　免税事業者が適格請求書等の発行業者になった場合には、消費税の納税額について、一定期間、売上に対して預かった消費税額の2割にすることができます。

　具体的には、免税事業者である個人事業者が令和5年10月1日からインボイスの登録を受ける場合は、令和5年分（令和5年10月から12月分のみ）、令和6年分、令和7年分及び令和8年分の消費税申告までは、売上に対する消費税の2割のみを納税額とすることができます。その他、3月決算会社の法人が令和5年10月1日からインボイスの登録を受ける場合は、令和6年3月期分（令和5年10月から令和6年3月分のみ）、令和7年3月期分、令和8年3月期分及び令和9年3月期分の消費税申告までは、売上に対する消費税の2割のみを納税額とすることができます。

・一定規模以下の事業者に対する事務負担の軽減措置（少額特例）

　基準期間（前々年度）の課税売上高が1億円以下、または特定期間（前年度開始の日以後6か月間）の課税売上高が5,000万円以下の事業者が、令和5年10月1日から令和11年9月30日までに行われる税込1万円未満の課税仕入については、適格請求書等の入手・保存がなくとも帳簿記帳のみで仕入税額控除を行うことができます。

2 消費税が課される取引と課されない取引がある

課税の対象となるための要件をおさえる

■ 消費税が課される取引と課されない取引がある

　消費税は、すべての消費行為に広く公平に課される税金です。しかしながら、事業者の見解により徴収の仕方が異なるようでは、公平な課税は成立しません。税金の徴収を事業者に委ねているというこの制度の弱点を補うためには、消費行為とはどのような取引であるのか、定義を明確にしておく必要があります。

　消費税法では、国内取引と輸入取引とに分けて考えます。まず国内取引から見ていきます。消費税の課税対象となる消費行為とは、①「国内において」、②「事業者が事業として」、③「対価を得て（代金を受け取ること）行う」、④「資産の譲渡等」、または特定仕入（177ページ）と定められています。

　なお、④「資産の譲渡等」とは、資産の譲渡、貸付、役務の提供をいいます。つまり、物品や不動産などを渡す行為、貸し付ける行為、サービスを提供する行為です。

　サービスの提供とは、たとえば土木工事、修繕、運送、保管、印刷、広告、仲介、興業、宿泊、飲食、技術援助、情報の提供、便益、出演、著述等をいいます。弁護士、公認会計士、税理士、作家、スポーツ選手、映画監督、棋士等による専門知識、技能などに基づく行為もこれに含まれます。

　上記①～④のうちいずれか1つでも当てはまらないような取引または特定仕入でないものは、消費行為として消費税が課されるべき取引ではないということです。また、これらに該当する取引の中でも、後述するように特別に課税されない「非課税取引」というものもありま

す。

　次に輸入取引ですが、税関から国内に持ち込まれる外国貨物については、消費税が課されるというしくみです。反対に国外へ輸出する貨物等については、消費税が免除されます。これは、日本国内で消費されたものにのみ課税し、国際間の二重課税を防ぐためのものです。

　以下は国内取引に関する内容です。課税取引とはどのようなものをいうのか、もう少し詳しく見ていきましょう。

■ 課税取引とは

　事業者が事業として対価を得て行う、国内での資産の譲渡等の取引のうち、非課税取引を除く「課税資産の譲渡等」は課税取引として扱われます。「資産の譲渡等」の意味については前ページで述べましたので、ここでは、①「国内において」、②「事業者が事業として」、③「対価を得て行う」の内容について見ていきましょう。

①　「国内において」とは

　その取引が国内において行われたかどうかを判定します。以下の⒜⒝の場所が国内であれば、国内において行われた取引です。

⒜　資産の譲渡または貸付

　その譲渡または貸付が行われているときにその資産の所在場所が国内であるかどうか。

⒝　役務の提供

　その役務の提供が行われた場所が国内であるかどうか。

②　「事業者が事業として」とは

　事業者とは、事業を行う法人や個人をいいます。個人の場合、店舗や事務所を経営する人の他、医師や弁護士、税理士なども事業者に該当します。法人は株式会社などの会社のことです。意外に思うかもしれませんが、国や都道府県、市町村、宗教法人や医療法人、代表者の定めのある人格のない社団等も法人に該当します。

「事業」とは、同じ行為を反復、継続、独立して行うことをいいます。法人が行う取引はすべて「事業として」行ったものとなります。

一方、個人事業者の場合は、仕事以外の普段の生活における消費行為については、「事業として」行ったものではないため、除いて考える必要があります。なお、会社員がたまたま受け取った出演料や原稿料のような報酬は、「反復」「継続」して行ったとはいえないため、事業とはいえません。

③ 「対価を得て」とは

資産の譲渡、貸付、役務の提供を行った見返りとして代金を受け取ることをいいます。

対価を得ず、無償で資産を譲渡した場合も、その譲渡した相手と利害関係があれば、対価を得ているとみなされる場合があります。たとえば法人がその役員に自社製品を贈与した場合、実際は対価を得ていなくても、対価を得て製品を販売したことになり、課税取引として申告しなければなりません。これをみなし譲渡といいます。

また、定価よりも著しく低い値段で譲渡した場合、相手が法人の役員や個人事業主であれば、実際の低い値段ではなく、定価で販売したものとして申告しなければなりません。このような取引を低額譲渡といいます。

なお、特定仕入とは、事業者向け電気通信利用役務の提供、及び特定役務の提供をいいます。特定仕入の場合は、リバースチャージ方式といって、国外事業者に代わり役務の提供を受けた国内事業者（課税売上割合が95％未満で、かつ簡易課税制度を適用しない場合）に対して消費税の納税義務が課されます。つまり、国外でサービスの提供が行われたとしても消費税が課されます。

・事業者向け電気通信利用役務の提供

インターネットなどを介する電子書籍・音楽・広告の配信等のサービスの提供をいいます。

・特定役務の提供

　国外事業者が行う演劇等の役務をいいます。

■ 非課税取引とは

　消費税の課税対象となる取引のうち、その性格上課税することが適当でない、もしくは医療や福祉、教育など社会政策的な観点から課税すべきではない、という大きく分けて2つの理由により、消費税が課されない取引があります。本来は課税取引に分類されるべきですが、特別に限定列挙して課税しないという取引です。これらの取引を非課税取引といいます。

　次ページ図の取引については「非課税取引」となります。消費税の性格上課税することが適当でないものと、政策的配慮に基づくものがあります。

■ 不課税取引とは

　消費税の課税対象は、①「国内において」、②「事業者が事業として」、③「対価を得て行う」、④「資産の譲渡等」、または特定仕入です。①〜④の要件に1つでもあてはまらない取引や特定仕入にあたらない場合には、課税の対象から外れます。このような取引を不課税取引といいます。

　たとえば、国外で行った取引、賃金給与の支払い、試供品の配布、寄附などはこの不課税取引に該当します。

■ 非課税取引と不課税取引の違い

　非課税取引も不課税取引も、対象とする取引に消費税がかからない点においては同じです。しかし、非課税取引は本来課税取引としての要件を満たしているにもかかわらず、政策的な配慮などの理由によりあえて非課税として扱うのに対して、不課税取引はそもそも課税取引

の要件を満たしていません。したがって、両者はその性質が異なります。

　特に、消費税を考慮する上で両者が大きく異なってくるのは、課税売上割合（課税売上高／売上高）を計算する場合です。非課税売上の場合には分母の売上高に金額を含めますが、不課税売上の場合には含めません。課税売上割合は、仕入税額控除の計算などに影響します。

■ **非課税取引** ……………………………………………………………………

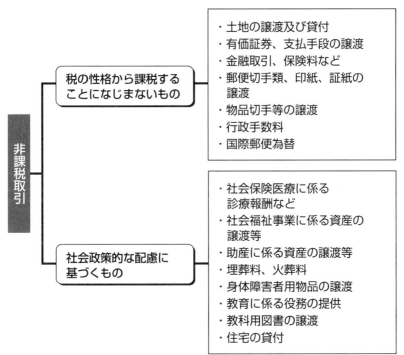

3 簡易課税制度とはどんなしくみになっているのか

みなし仕入率を利用した簡便な計算方法である

簡易課税制度とは

簡易課税制度とは、消費税の計算をより簡便な方法で行うことのできる制度です。課税仕入に対する仕入控除税額を、「みなし仕入率」を利用して売上から概算で計算するというのが、原則課税方式と異なる点です。簡易課税制度を採用した場合、課税仕入、非課税仕入の分類、課税売上割合の計算、課税仕入の売上と対応させた分類をする必要がありません。この制度は、「基準期間における課税売上高」が5,000万円以下である事業者にのみ適用されます。ただし、事業者の届出による選択適用であるため、「簡易課税制度選択届出書」を税務署へ提出しておく必要があります。届出を提出すると、翌事業年度から簡易課税制度が適用されます。一度選択すると原則2年間継続適用されるので、原則課税方式と比較検討する必要があります。

なお、基準期間とは個人事業主においては2年前の課税期間（つまり前々年）、法人においては2期前の課税期間（つまり前々期）をいいます。

みなし仕入率

簡易課税制度では、売上に対する消費税のうち何割かは仕入控除税額として控除すべき金額が占めているという考え方をします。仕入控除税額が占めている割合は、売上のうちに仕入が占める割合と一致しているとみなして、業種ごとに「みなし仕入率」が定められています。

■ 具体的な計算例

　簡易課税制度は、みなし仕入率を課税標準額に対する消費税額に掛けることにより仕入控除税額を算出するという方法です。つまり、制度を適用する場合、仕入控除税額の計算は、課税売上がどの業種に属するかを分類するだけでよいということになります。

　たとえば卸売業を営む場合、みなし仕入率は90％です（下図）。課税売上高が税抜2,000万円の場合で税率を10％として計算すると、課税売上に対する消費税額は、2,000万円×10％＝200万円となります。

　次に、仕入控除税額ですが、これを課税売上の90％とみなして計算します。控除仕入税額は、2,000万円×10％×90％＝180万円となります。したがって、差引納付税額は、200万円－180万円＝20万円となります。

■ 複数事業を営んでいる場合のみなし仕入率の計算

　簡易課税制度を選択した事業者が複数の事業を営んでいる場合のみ

■ 業種ごとのみなし仕入率 ……………………………………………

第1種事業	卸売業（みなし仕入率90％）
第2種事業	小売業（みなし仕入率80％）
第3種事業	農業・林業・漁業・鉱業・建設業・製造業・電気業・ガス業・熱供給業・水道業（みなし仕入率70％）（※）
第4種事業	第1種～第3種、第5種及び第6種事業以外の事業。たとえば飲食店業等（みなし仕入率60％）
第5種事業	第1種～第3種以外の事業のうち、運輸通信業・金融業・保険業・サービス業（飲食店業に該当するものを除く）（みなし仕入率50％）
第6種事業	不動産業（みなし仕入率40％）

※食用の農林水産物を生産する事業は、消費税の軽減税率（8％）が適用される場合において、第2種事業としてみなし仕入率が80％となる。

なし仕入率の計算は、以下のように、原則として、それぞれの事業について算出した金額を合計することになります（ただし、1種類または2種類の業種で75％を占めるような場合は、簡便な方法で計算することも認められています）。

（第1種事業に対する消費税額×90％＋第2種事業に対する消費税額×80％＋ 第3種事業に対する消費税額×70％＋第4種事業に対する消費税額×60％＋第5種事業に対する消費税額×50％ ＋第6種事業に対する消費税額×40％）／売上に対する消費税額の合計

■ 簡易課税制度が適用される取引

　仕入控除税額が多くなると、当然納める税額が少なくなります。つまり納税者に有利な結果ということです。

　簡易課税制度を選択したほうが有利になる場合とは、実際の仕入率よりみなし仕入率のほうが大きい場合です。仕入率の比較的低い業種や、人件費など課税対象外の経費が多い業種であれば、簡易課税制度を適用したほうが有利ということになります。

　また、簡易課税制度は申告の事務手数がかなり簡略化されるため、事業者によっては、原則課税方式と比較して多少不利な結果になったとしても、選択するメリットがあるという考え方をする事業者もあるようです。

Q 開業して１年の個人事業主です。開業して２年以内です
し、売上1,000万円以下ですので、申告義務がないと思
うのですが、取引先には消費税を請求できますか。

A 開業して２年は原則として消費税の免税事業者となります。
例外として開業した年の１月１日から６か月間の課税売上が
1,000万円を超えてしまうと２年目は課税事業者となりますが、あな
たの場合は免税事業者のままで消費税の申告義務は発生しません。

また、免税事業者が取引先へ請求する際の消費税の扱いですが、免
税事業者は請求時に、消費税分を上乗せしなければならない、もしく
は上乗せしてはいけない、などの決まりはありません。つまり免税事
業者であっても消費税額を上乗せした金額で請求してもかまいません。
これは消費税の性質が、免税事業者か課税事業者かということとは無
関係に、国内取引における商品やサービスの提供そのものに対して課
す税金という考えに基づいているためです。したがって、免税事業者
でも10,000円の商品を消費税10％ 1,000円として11,000円を請求するこ
とができますが、仮に10,000円しか請求をしなかった場合でも、仕入
側が課税事業者の場合には、10,000円の中に消費税が含まれているも
のとみなして、本体価格9,091円、消費税909円として処理を行うこと
になります。

免税事業者であっても、取引先へ請求する以前に、商品の仕入代金
や、事業に伴って生じたさまざまな経費を支払っているはずです。そ
の支払った仕入や経費にはほとんどの場合、消費税が含まれています。
つまり消費税込で支払いはしているものの、請求を消費税抜で行うこ
とは、よけいな税負担をしているともいえるのです。そこで、免税事
業者であっても請求時においては消費税を上乗せした金額で請求する
ほうがよいといえます。

4 消費税の申告・納付について知っておこう

直前の確定申告で中間申告の回数が決まる

■ どのように申告・納税するのか

消費税の申告や納税方法については、確定申告と中間申告があります。

① 確定申告

消費税の課税事業者になった場合は、税務署に消費税の確定申告書を提出し、申告期限までに消費税を納付しなければなりません。法人の申告期限は、課税期間終了後2か月以内です。また、会計監査人の監査を受けるなどの理由で2か月以内に決算が確定しない場合には、事業年度終了の日までに申請書を提出すれば、原則として、1か月間申告期限を延長できます（法人税の申告期限の延長の特例の適用を受けていることが前提）。個人の場合は原則として翌年の3月31日ですが、課税期間を短縮する特例を受けた場合には、申告期限は課税期間終了後2か月以内となる場合があります。

消費税額は、課税期間中に得意先からの売上などと一緒に預かった消費税の合計から、課税期間中に仕入や経費と一緒に支払った消費税の合計を差し引いて計算します。これを確定消費税額といいます。逆に預かった税金より支払った税金のほうが多い場合には、申告により差額の税金の還付を受けます。

② 中間申告

直前の課税期間分の消費税額が一定金額を超えた場合、次の課税期間では中間申告をしなければなりません。中間申告とは、進行中の課税期間の確定消費税額を概算で見積もり、前もってその一部を申告・納付する事です。

中間申告を行う時期と回数については、前課税期間の確定消費税

額（地方消費税を除く）が48万円以下であれば、中間申告は不要です。前課税期間の確定消費税額が48万円超400万円以下であれば年1回6か月後に、400万円超4,800万円以下であれば年3回3か月ごとに、4,800万円超であれば年11回毎月、中間申告を行います。申告期限はそれぞれ6か月、3か月、1か月の「中間申告対象期間」終了後2か月以内です。

たとえば個人で、年1回中間申告を行う場合、中間申告対象期間は1月～6月、申告期限は8月ということになります。

なお、法人の場合も個人の場合も、中間申告義務のない事業者でも、任意で中間申告を行うことができます（6か月中間申告）。

中間申告により納付した税額は、確定申告を行う際に「既に納付した金額」として確定消費税額から差し引きます。確定消費税額のほうが少ない結果となった場合には、中間申告により払い過ぎた消費税が還付されます。

■中間申告における納付税額の計算

中間申告の計算方法については、①予定申告方式と②仮決算方式の2つの方法があります。これらの方法については、特に届出などの手続きを行わずに自由に選択することができます。

① 予定申告方式

中間申告の納付税額を、前年度の確定消費税額を月数按分して計算する方法です。中間申告が年1回であれば「確定消費税額×1/2」、3回であれば「確定消費税額×1/4」、11回であれば「確定消費税額×1/12」が、それぞれ納付税額ということになります。実際には税務署から送付される申告用紙と納付書にあらかじめ金額が印字されているので、計算の必要はありません。

② 仮決算方式

中間申告対象期間ごとに決算処理を行い、中間申告の納付税額を計

算する方法です。中間申告が年1回であれば6か月、3回であれば3か月、11回であれば1か月の期間をそれぞれ1つの課税期間とみなして、確定申告と同様の手順で納付税額の計算を行います。この方法は申告の回数が増えるので事務負担がかかりますが、予定申告による納付税額のほうが多く資金繰りが厳しい場合には、検討するメリットがあります。ただし、仮決算方式を選択した場合、確定申告を行うまでは消費税の還付を受けることはできません。また、提出期限を過ぎてから提出をすることは認められません。

■ 消費税の確定申告・納付 ……………………………………………

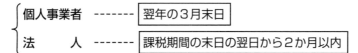

個人事業者 ------- 翌年の3月末日
法　　人 ------- 課税期間の末日の翌日から2か月以内

消費税の中間申告・納付（国税）

直前の確定消費税	中間申告の回数	中間納付税額
48万円以下	中間申告不要	——
48万円超400万円以下	年1回	直前の確定消費税額 × $\frac{1}{2}$
400万円超4,800万円以下	年3回	直前の確定消費税額 × $\frac{1}{4}$
4,800万円超	年11回	直前の確定消費税額 × $\frac{1}{12}$

第6章

帳簿記載・電子帳簿保存法 のしくみ

1 帳簿について知っておこう

帳簿は事業者自身のためにつける

📗 帳簿はなぜ必要なのか

青色申告者は一定の帳簿をつけなければなりませんが帳簿をつけるのは確定申告のためだけではありません。

事業規模の小さな個人事業者を例にとって考えてみましょう。

たとえば、個人でやっている青果店やフラワーショップのようなお店はどうでしょうか。いくら規模が小さいとはいえ、商売をやっているのであれば、それなりの営業活動を行うことになります。まず、商売をやるために店舗を構えようとすれば、土地や建物を購入するか、借りることになります。この場合、手持ち資金で購入代金や賃借料を払うか、または銀行などから借入れをして支払うことになります。

また、商売のために必要な商品や材料を仕入れたりします。仕入れた商品は棚に飾ったりして消費者に販売し、仕入れた材料は加工して消費者に販売します。さらに従業員を雇ったのであれば、給料を支払う必要があります。その他にもさまざまな経費を支払います。個人事業者のこれらの活動はすべて営業活動の一環として行われるものですから、帳簿に記帳することになります。

営業活動をきちんと記帳しておくことによって、儲かっているのかどうかを正確に把握できるようになります。さらに、将来の経営方針を決定する資料とすることもできます。つまり、帳簿を正確につけることによって得をするのは、他の誰でもなく事業者自身なのです。

📗 簿記を知らなくても簡易帳簿ならつけられる

簿記というと「なんとなく専門的でわかりにくい」と思う人もいる

でしょう。しかし、簿記の知識がなくても「簡易簿記」と呼ばれる簡単な帳簿（簡易帳簿）であれば、誰でもつけることができます。ただ、複式簿記の場合は65万円または55万円の特別控除を受けられるのに対し、簡易簿記の場合は10万円の特別控除しか受けられません。

　簡易帳簿は家計簿をイメージしてもらえればよいでしょう。家計簿には「いつ、どこで、何を、いくらで」買ったかを記入します。そして、1か月間に支払った金額を合計して、今月の出費が多かったか、少なかったかなどを検討します。また、過去の支出を振り返って余分な出費はなかったかを考えてみる場合もあります。そして、その過去の家計簿をもとにしてその後のお金の使い方を改める場合もあります。

　簡易帳簿も基本はこれと一緒です。ただ、家計簿に記入するような家庭の出費は現金で支払います。また、家庭の場合「つけ（掛けという）」で支払うようなこともあまりないでしょうから、モノを買った日に支払いをすることになります。

　これに対して、商売をやっているとひんぱんにモノを仕入れますから、仕入れたその日に支払いをするのではなく、一定期間（1か月程度の場合が多い）まとめて支払いをします。また、支払いをするときには、現金で支払いをする場合もありますが、現金以外に手形や小切手で支払う場合もあります。

　このように事業者の簡易帳簿は一般家庭の家計簿よりもちょっとだけ難しいかもしれませんが、家計簿がつけられるのであれば、問題なく簡易帳簿をつけることができます。まずは記帳の習慣を身につけるようにしましょう。

■ 会計帳簿にはどんなものがあるのか

　取引を行う時には、内容や金額などを取引先へ通知したり、取引の事実を記録として残しておくために、書類を作成します。この書類のことを、会計帳票といいます。会計帳票のうち、1つの取引ごとに単票形式で作成したものを会計伝票、現金取引、手形取引など一定の取引のみを集めて、その履歴を時系列で記録したものを会計帳簿といいます。

　主な会計帳簿には、総勘定元帳、補助元帳、現金出納帳、仕訳 (日記) 帳、預金出納帳、手形帳、売掛帳、買掛帳などがあります。これらの他にも、業務形態に応じて、さまざまな会計帳簿が存在します。

■ 会計帳簿、会計伝票の処理

　総勘定元帳や補助元帳、現金出納帳、仕訳 (日記) 帳など会計帳簿と一言でいっても多種多様の帳簿組織 (帳簿体系のこと) が考えられます。会計伝票も用途によってさまざまです。これらは日々の取引を記録し、集計するための会計ツールで、貸借対照表、損益計算書などの決算書類を作成する基礎資料になります。

　これらの会計帳簿を経理で行われる作業に沿って説明しますと、まず経理では起票された会計伝票の正確性がチェックされます。仕訳帳に直接記帳される場合もあります。

　次に、日次単位ないし月次単位で会計伝票や仕訳帳の仕訳を集計して各勘定元帳に集計金額が転記されます。これを今度は勘定元帳ごとに再度集計して勘定ごとの一定期間におけるフロー総額と一定時点におけるストック結果を求めます。そのフロー (取引による増減金額の

総額）とストック（最終的な残高）は合計残高試算表（T/B）の形にいったんまとめられます。

さらにそこから各勘定の残高金額が精算表に転記され、勘定科目を表示用に組み替えて決算書が誘導的に作成されます。

このような作業を手作業で行うと、記帳から決算書作成まで相当な事務負担が伴うように思えますが、現在ではパソコンによる記帳が主流です。業種、規模によって何通りも構成が考えられる帳簿組織ですが、会計事務ではコンピュータに適した作業であるため、高機能な経理用アプリケーションが多数登場しています。これから始める人でも、いきなりパソコンを使って複式簿記による記帳を行うことも比較的容易にできます。

そのため、前述したような経理の手順を知らなくても、何がしかの取引や残高に関するデータをパソコンに入力すれば、正しいかどうかは別として必要帳票類、決算書類が出力されます。パソコンを使って会計事務所に頼まずに自らが記帳しても、手作業による際のように集計転記に手間はかかりません。決算の精度はひとえに日々の取引データ入力の正確性と適時性に負うところが大きいといえます。

ただし、会計ソフトを利用し、パソコンで記帳する場合であっても、会計特有のチェック項目は手作業もパソコンの場合も同じですから、集計、転記の正確性チェックの負担がなくなる分、決算内容の整合性（たとえば償却資産と減価償却費）など、数値間の分析をしておくことが大切です。

3 総勘定元帳と補助簿について知っておこう

主要簿から決算書が作成される

総勘定元帳と補助簿の役割

　帳簿には、簿記の基礎となる主要簿と、その主要簿の記録を補う補助簿があります。総勘定元帳は、仕訳帳と共に重要な主要簿で、現金の動きや残高、増減した取引の内容が示されます。これらの主要簿を基にして決算書（貸借対照表・損益計算書）が作成されます。また、補助簿には、補助記入帳と補助元帳があり、主要簿作成の明細を示す補助的な役割を持っています。

① 総勘定元帳の作成

　総勘定元帳は、仕訳帳に書いた仕訳を勘定科目別に書き写して作成します。この勘定科目ごとの帳簿を総勘定元帳といい、この作業を転記といいます。勘定科目とは、取引内容を分類するためにつけられた名称です。パソコンを使用して会計処理を行う場合には、入力した仕訳が自動的に総勘定元帳に転記されます。

② 補助簿の種類

　補助簿には「補助記入帳」と「補助元帳」があります。補助記入帳は、特定の取引についての明細な記録を行う帳簿をいい、補助元帳は、特定の勘定についての明細を記録する帳簿です。補助簿には多くの種類があり、必要に応じた補助簿を決定します。

紙面で帳簿をつけるときの注意点

　紙面で帳簿をつけるときの注意点は、誰でも読めるような文字で書くことです。プライベートな文書ではありませんから、自分だけが読めるような字ではいけないのは当然です。

また、ときには後で訂正する必要も出てくる場合がありますので、マス目いっぱいの大きな字で書くのも慎むべきです。マス目の幅全体の３分の２程度の大きさで上に余白を残すようにします。文字や数字の訂正が必要になったときには、その余白部分に丁寧に訂正を書き入れ、間違えの部分は２重線で消してその上に訂正印を押します。

　数字に関しては、３桁ごとにカンマ（,）を入れるようにします。桁の多い数字でも読みやすくするためです。３桁ごとにカンマを打つわけですから、最初のカンマの単位は千、次のカンマは百万、その次は十億となるわけです。

　なお、伝票や帳簿には、斜めの線や２重線が書かれている個所がありますが、これには意味があります。斜めの線は、後から文字や数字を勝手に入れられたりしないためのものです。また、２重線は仕切線などと呼ばれています。ここでおしまい（締める）という意味です。

　ちなみに、パソコンで処理を行う場合、訂正作業などの必要はあり

■ 補助簿の種類 ……………………………………………………

補助記入帳	
現金出納帳	現金の入金・出金・残高の記録
当座預金出納帳	当座預金の預け入れ・引き出し・残高の記帳
小口現金出納帳	小口現金の収支の明細を記録
仕入帳	仕入れた商品・製品・材料と金額の記帳
売上帳	販売した商品・製品・サービスと金額を記帳
補助元帳	
商品有高帳	商品の出入りと残高を記録
仕入先元帳	仕入先ごとに仕入れた商品・製品・材料・金額内容を記帳／買掛金の支払いを記帳
得意先元帳	得意先ごとに販売した商品・製品・サービス・金額内容を記帳／売掛金の回収を記帳

ませんが、帳簿等を出力する際には、摘要欄の誤字や数値の誤りがないか十分確認し、確定したものを出力する必要があります。

■ 総勘定元帳から貸借対照表と損益計算書への振分け

　一般的に試算表という場合は合計残高試算表を指し、貸借対照表と損益計算書が合算されたような形になっています。この試算表は日々の仕訳処理が仕訳帳から勘定科目ごとの総勘定元帳へ展開され、各勘定科目の総勘定元帳から貸借対照表と損益計算書へ振り分けられることにより完成します。

■ 帳簿の分類 ……………………………………………………………

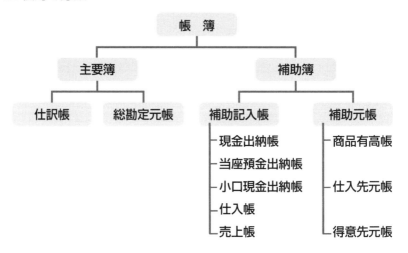

4 取引記録の保存方法について知っておこう

ファイル化してしっかりと保存する

■ なぜ管理しておく必要があるのか

日常の取引の中で、相手方との間に領収書や納品書などの取引の証拠となる書類が発生します。それらは証憑書類といわれ、記録として経理上重要な書類となります。証憑書類には、注文書、領収書、請求書、物品受領書などがあります。

領収書などの書類は、経費処理などの申告の正しさを税務署へ証明するための証拠書類としての働きもあります。作成したり受け取った証憑書類やそれらを整理した帳簿類については、税務署による税務調査を受けたり、後で調べるときなどのためにきちんと整理しておく必要があります。帳簿書類の備え付け、記録または保存が法令に従って行われていない時は、青色申告（一定の帳簿書類を備えて日々の取引を複式簿記の原則に従い整然かつ明瞭に記録し、その記録に基づいて申告すること）が取り消されてしまう場合もあります。そうなると、特別償却（税法で認められた通常の償却額に加えて、取得価額に一定割合を乗じて算出した金額を上乗せして償却ができること）など、青色申告のさまざまな特典が適用されず、税務上不利な扱いとなりますので注意が必要です。

■ 保存期間は法定されている

個人事業者などの所得税に関する帳簿書類の保存期間は青色申告の場合と白色申告では異なります。青色申告の場合は、原則として7年間で、請求書、見積書、契約書などの取引に関して作成されたものは5年間（前々分の所得金額が300万円超で、領収書、預金通帳、借用証などの現金預金取引に直接関係するものは7年間）です。一方、白

色申告の場合は、収入金額や必要経費（仕入金額や経費）を記載した帳簿は7年間で、それ以外のものは5年間です。

　帳簿書類の保存方法は、紙による保存が原則ですので、パソコンで作成した帳簿書類についても、原則としてパソコンからアウトプットした紙により保存する必要があります。ただし、電子帳簿保存法に基づき一定の要件を満たす場合には電子データやスキャナにより保存することができます（次ページ以降）。

　伝票や証憑書類の整理は、月別、日付順に通し番号をつけ、ノートなどに貼り付け、ファイル形式にして保存するのが一般的です。これ以外にも科目別に整理する方法があり、それぞれ日付順、内容別、相手先別に整理します。証憑書類の種類によって使い分けます。

　その他、業務上保存する必要がある書類については、別途規程を作るとよいでしょう。このようにすることで、保管と廃棄の基準もでき、ムダに保管しておく必要もなくなります。ただし、これらの規定は、関係者の意見を集めた上で決めることが大切です。なお、文書は、保管年限ごとに色別にファイルに綴じておくことで、その後の処理も非常に効率がよくなります。

　このように伝票や証憑書類をきちんと整理するということは、お金の流れを管理するという他に、誰に対しても、お金の流れが不正なく行われていることを証明することにもなります。

■ 税務調査の対象になる書類 ……………………………………………

帳簿関係	総勘定元帳や現金出納帳、売上帳、仕入帳、売掛帳、買掛帳、賃金台帳、小切手帳、手形帳、出退勤記録簿、決算書など
証憑関係	請求書や領収書、見積書、注文書、納品書、タイムカードなど
文書関係	議事録や契約書、同族関係取引の契約書、稟議書など
その他	預金通帳やパソコンなど

5 電子帳簿保存法について知っておこう

紙面ではなく、電子媒体による帳簿保存等を可能とするものである

■ 電子帳簿保存法とはどんな法律なのか

　経済社会のデジタル化や、環境問題に配慮したペーパーレス化などの状況を踏まえて、決算書を作成するための会計帳簿（国税関係帳簿）や、取引の記録のために必要な領収書などの書類（国税関係書類）の電子化を可能とするために、平成10年に電子計算機を使用して作成する国税関係帳簿書類の保存方法等の特例に関する法律（電子帳簿保存法）が成立しました。ここでの電子化とは、帳簿や各種の書類を電磁的記録（パソコンなどへの入力）で行ったり、電子データのままで入手・作成・保管等を行ったり、紙で入手した書類をスキャナ等に電子化した状態で保管することを意味しており、これらが法的にも認められる取扱いになるということです。また、令和3年度税制改正により、電子帳簿保存等の制度の利用促進を施す措置などがとられました。

　なお、国税関係帳簿とは、仕訳帳、現金出納帳、売掛金元帳、固定資産台帳、売上帳、仕入帳などをいい、国税関係書類とは、棚卸表、貸借対照表、損益計算書、注文書、契約書、領収書などをいいます。

　経理の業務は、自分のためだけでなく、税務署などに対して、取引を客観的な数値に置き換えた決算書や税務申告書を作成するという重要な役割があります。決算書などの作成のためには、透明性の高い情報となるように、帳簿への記録や書類の作成・入手・保管等を行う必要がありますが、それには人的または資源的にも多くのコストがかかります。これを一定の電子的な方法で記録あるいは保存等ができるようになれば、コスト削減にもつながることが期待されます。

　ただし、書類などの保存の方法が従来の紙媒体から電子化になるこ

とで、紙のように目で容易に書類などが確認できなくなる問題（可視化の問題）や、紙に比べてデータの加工や偽造が行われやすくなる問題（真実性の問題）が起こりうるため、後述するような3つの保存区分に沿ったルールが定められています。

■ 電子帳簿保存法の保存区分には3種類ある

電子帳簿保存法では、その法律の目的達成のために3種類の保存区分を設けています。

① 電子帳簿等保存

パソコンなどの電子計算機を使用して作成する国税関係帳簿書類について、電磁的記録による保存をするときの要件を定めています。電磁的記録とは、電子的方式、磁気的方式等の記録であって、パソコン等の電子計算機による情報処理で利用されるものをいいます。具体的には、ハードディスク、コンパクトディスク、DVD、磁気テープ等の記録媒体上に、情報として使用し得るものとして、情報が記録・保存された状態にあるものをいいます。

② スキャナ保存

紙で受領または自ら作成した書類を画像データで保存するときの要件を定めています。スキャナ保存の対象となるのは、前述した国税関係書類のうち、棚卸表、貸借対照表及び損益計算書並びに計算、整理または決算に関して作成されたその他の書類を除いたものとなります。

③ 電子取引

電子データのみで取引先とやりとりした情報をデータで保存するときの要件を定めています。電子取引とは、取引情報（取引に関して受領し、または交付する注文書、契約書、送り状、領収書、見積書その他これらに準ずる書類に通常記載される事項）の受け渡しを電磁的方式で行う取引をいい、いわゆるEDI取引、インターネット等による取引、電子メールにより取引情報を受け渡しする取引（添付ファイルに

よる場合を含む）、インターネット上にサイトを設けてそのサイトを通じて取引情報を受け渡しする取引等が含まれます。

■ 電子帳簿等保存を行うための要件（保存方法）について

電子帳簿等保存を行うにあたり、最低限次の3つの要件を満たしていることが必要です。

ⓐ 電子帳簿等の保存に関するソフトウェアの機能などが明記されたシステム関連書類等（例　システム概要書、システム仕様書、操作説明書、事務処理マニュアル等）を備え付ける

ⓑ 保存場所に、パソコンなどの電子計算機、プログラム、ディスプレイ、プリンタ及びこれらの操作マニュアルを備え付けて、画面や書類などがわかりやすい形で速やかに出力できるようにしておく

ⓒ 税務調査などで電磁的記録のダウンロードの求めに応じることができるようにしておく

この他に、「優良な電子帳簿の要件」として、さらに次のⓓ～ⓕの3つが要求されています。「優良な電子帳簿の要件」をすべて満たしている場合には、それが満たしている旨を記載した届出書を事前に所轄税務署長に提出することで、その後申告漏れが生じても過少申告加算税が5％軽減されます。

なお、「優良な電子帳簿の要件」を満たしている場合には、上記の最低限必要なⓐ～ⓒのうちⓒの要件は不要となります。

ⓓ 記録事項の訂正・削除を行った場合には、これらの履歴などが確認できるソフトウェアなどの電子計算機処理システムを使用する

ⓔ 電子化した帳簿の記録事項と、それに関連する他の帳簿等の記録との相互の関連性が確認できるようにしておく

ⓕ 「取引年月日」「取引金額」「取引先」、日付や金額の範囲指定、さらにこれらの複数の項目を組み合わせた検索が可能になるようにしておく

■スキャナ保存を行うための要件（保存方法）について

　スキャナは、保存の対象となる書類をプリンタなどで読み込んだり、写真で画像を取って、パソコンなどに保存をすることになります。主な保存方法は次のとおりです。

・タイムスタンプなどでデータ作成・入手の日付や加工ができないような設定を行う

・タイムスタンプの付与期間は最長で2か月とおおむね7営業日以内と定められている（特に、取引が比較的集中しがちな月末の取引などは計画的に対応が必要）

・データの保存の際には、この後に修正が行われた場合のバージョン管理、帳簿との相互関連性の確保、管理上や税務調査などでの検索機能の確保、データ保管された書類についてタイムスタンプも含めて容易に解読が可能な装置・システムを備え付けておく（令和5年度税制改正により、令和6年1月1日以後にスキャナ保存が行われる国税関係書類で相互関連性が要求されるのは、契約書・領収書・送り状・納品書等のような資金や物の流れに大きく関係する重要書類に限定される）

■電子取引データ保存を行うための要件（保存方法）について

　電子取引データの保存は、前ページの「電子帳簿等保存を行うための要件」と同じような管理が必要です。電子帳簿保存法では、①真実性の要件と②可視化の要件の2つに分けて、次のように定めています。

①　真実性の要件

　次のいずれかの措置を行う。

・タイムスタンプが付された後、取引情報の授受を行う

・取引情報の授受の後、速やかにタイムスタンプを付すと共に、保存を行う者または監督者に関する情報を確認できるようにしておく

・記録事項の訂正・削除を行った場合に、これらの内容等を確認でき

るシステム、または記録事項の訂正・削除ができないシステムにより、これらの取引情報の保存を行う
・正当な理由のない訂正・削除の防止に関する事務処理規定を定めて運用を行う

② 可視化の要件
・保存場所に、パソコンなどの電子計算機、プログラム、ディスプレイ、プリンタ及びこれらの操作マニュアルを備え付けて、画面や書類などがわかりやすい形で速やかに出力できるようにしておく
・ソフトウェアなどの電子計算機処理システムの概要書を備え付ける
・検索機能を確保する

■ 電子帳簿保存法の保存区分 ……………………………………………

※電子取引についてはクラウドサービスも含まれる

6 電子帳簿をめぐる問題点を整理しておこう

実務上はさらに細かな留意事項がある

■ 紙または電子データのどちらで保存してもよい帳簿書類とは

　ここでの帳簿書類とは、①会計ソフトなどで作成された会計帳簿、②仕入を行った際に取引先が発行する領収書などの受領書類、③販売を行った際に取引先へ発行する領収書の控えのような、発行者側で残す書類としての提供書類の控え、の３つを指します。ただし、②③の受領書類や提供書類の控えは、その書類の発行者側が紙で作成している状態が前提となります。

■ 電子データによる保存のみが認められる帳簿書類とは

　昨今は、ITの普及で商取引により作成されていた領収書などの書類が、紙ではなく電子データのみでやりとりをするというような電子取引が増えてきました。このように、紙を使用せずに電子媒体のみでやりとりをしている場合には、原則として令和４年１月１日以後に行う電子取引については、電子データ（請求書や領収書等に通常記載される日付、取引先、金額等の情報）での保存が義務付けられています。

　ただし、電子データ保存のしくみの準備期間が２年間設けられており、その期間ではプリントアウトして紙での保管も認められているため、実際上は令和６年１月１日以後に行う電子取引から電子データでの保存が要求されることになっています。

■ 電子取引でのやりとりにはどのようなものがあるのか

　電子取引では、たとえば次のような書類（電子データ等）のやりとりが行われます。これらのデータは各税法に定められた保存期間が満

了するまで保存する必要があります。また、取引慣行や社内のルール等により、データとは別に書面の請求書や領収書等を原本として受領している場合は、その原本（書面）を保存する必要があります。

・電子メールにより請求書や領収書等のデータ（PDFファイル等）を受領
・インターネットのホームページからダウンロードした請求書や領収書等のデータ（PDFファイル等）またはホームページ上に表示される請求書や領収書等のスクリーンショットを利用
・電子請求書や電子領収書の授受に関してクラウドサービス（手もとの保管データではなくネットワークで直接情報処理などを行うもの）を利用
・クレジットカードの利用明細データ、交通系ICカードによる支払データ、スマートフォンアプリによる決済データ等を活用したクラウドサービスを利用

■ 帳簿書類等の保存方法 ···

種 類	作成方法	保存方法
帳簿	会計ソフトなどで作成	出力した紙 or 電子データ（※）
	手書きで作成	作成した紙
受領書類	紙などで受領	出力した紙 or 電子データ
提供書類(控)	一定のソフトなどで作成	出力した紙 or 電子データ（※）
	手書きで作成	作成した紙 or スキャンした電子データ
電子取引	取引に際してすべて電子データのみでのやりとり	電子データ

※スキャンしたものやCOM（電子計算機出力マイクロフィルム）なども含む

・特定の取引に関するEDIシステムを利用
・ペーパーレス化されたFAX機能を持つ複合機を利用
・請求書や領収書等のデータをDVD等の記録媒体を介して受領
・スマホアプリによる決済により、アプリ提供事業者から利用明細等
　を受領

■ どのような書類がスキャナ保存の対象となるのか

　国税関係書類のうち、棚卸表、貸借対照表及び損益計算書などの計算、整理または決算関係書類を除くすべての書類が対象となります。

　なお、スキャナ保存により電磁的記録の保存をもって国税関係書類の保存に代える日よりも前に作成または受領した重要書類については、所轄税務署長等に適用届出書を提出したときは、一定の要件の下、スキャナ保存をすることができます。売上伝票などの伝票類は、国税関係書類に該当しないためスキャナ保存の適用はありません。

■ タイムスタンプには、どのような要件を満たす必要があるか

　電子帳簿保存法で使用可能なタイムスタンプは、以下の要件を満たすものに限ります。
① 　当該記録事項が変更されていないことについて、当該国税関係書類の保存期間を通じ、当該業務を行う者に対して確認する方法その他の方法により確認することができること
② 　課税期間中の任意の期間を指定し、当該期間内に付したタイムスタンプについて、一括して検証することができること

　具体的には、タイムビジネスの信頼性向上を目的として、一般財団法人日本データ通信協会が定める基準を満たすものとして認定された時刻認証業務によって付与され、その有効性が証明されるものになります。

　また、認定を受けたタイムスタンプ事業者には、「タイムビジネス信頼・安心認定証」が交付され、以下に示す「タイムビジネス信頼・

安心認定マーク」を使用できることから、その事業者の時刻認証業務が一般財団法人日本データ通信協会から認定されたものであるか否かについては、この認定マークによって判断することもできます。

■ インボイス制度と電子帳簿保存法との関係

インボイス制度（適格請求書等制度）とは、令和5年10月1日以降に導入される制度です。具体的には、請求書を発行する消費税の課税事業者が、事前に「適格請求書等発行事業者」として税務署に届け出を行い、一定の登録を受けることで、令和5年10月1日以降に行った取引については、その者から発行された適格請求書（インボイス）のみが、消費税の仕入税額控除が受けられるというしくみです。

この制度は、預かった消費税が漏れなく適切に国に納められるように消費税法で設けられたものであり、電子帳簿保存法とはその目的が異なるため、インボイス制度と電子帳簿保存法とは直接的な関係はありません。

ただし、インボイス制度は、これまでの実務で使用されてきた請求書の発展形態ではあるものの、電子帳簿保存法の国税関係書類の中の位置付けとしては従来の請求書と実質的に変わりありません。

たとえば、ペーパーレスで書類のやりとりを行うのであれば、電子版の適格請求書等を作成して発行するということになります。つまり、適格請求書等の発行が紙なのか電子データなのかなどによって、前述したように保存方法が変わってくるということになります。

なお、消費税につき保存義務者が行う電子取引の取引情報に関する電磁的記録の保存については、その保存の有無が税額計算に影響を及ぼすことなどを勘案して、その電磁的記録を書面に出力することにより保存することも認められています。

■ 電子取引で、電子メールでやりとりしている場合にはどのような保存を行うのか

電子メールでの取引情報は、取引に関して受領し、または交付する注文書、領収書等に通常記載される事項をいうことから、電子メールにおいてやりとりされる情報のすべてが取引情報に該当するものではありません。したがって、そのような取引情報の含まれていない電子メールまでも保存する必要はありません。

具体的には、電子メール本文に取引情報が記載されている場合は当該電子メールを保存する必要がありますが、電子メールの添付ファイルにより受け渡しされた取引情報（領収書等）については当該添付ファイルのみを保存しておけばよいことになります。

なお、請求書をクラウドサービスにより受領したものと電子メールにより受領したものがある場合のように、同一の請求書を2つの電子取引により受領した場合は、それが同一内容であれば、いずれか一つの電子取引に対する請求書を保存しておけばよいことになります。

■ 請求書や領収書等を電子的に（データで）受け取った場合、どのように保存をするのか

電子的に受け取った請求書や領収書等については、データのまま保存しなければならないとされており、その真実性を確保する観点から、以下のいずれかの条件を満たす必要があります。

・タイムスタンプが付与されたデータを受領
・速やかに（または事務処理規程に基づく場合はその業務の処理に関する通常の期間を経過した後、速やかに）タイムスタンプを付与
・データの訂正削除を行った場合にその記録が残るシステムまたは訂正削除ができないシステムを利用
・訂正削除の防止に関する事務処理規程を策定、運用、備付け
　また、事後的な確認のため、検索できるような状態で保存すること

や、ディスプレイ等の備付けも必要となります。検索できるような状態とは、具体的には次のすべての要件を満たす必要があります。

・取引年月日その他の日付、取引金額及び取引先を検索の条件として設定することができること
・日付または金額に関する記録項目については、その範囲を指定して条件を設定することができること
・二つ以上の任意の記録項目を組み合わせて条件を設定することができること

■ 電子取引で入手した電子的な請求書や領収書等の簡便的な保存方法

　前述したように、PDFといったような電子取引で入手した請求書や領収書などの書類はタイプスタンプなどの方法により保管などを行う必要がありますが、特別な請求書等保存ソフトをもっていない場合には、たとえば以下のような方法で保存をすることも可能です。

① 請求書データ（PDF）のファイル名に、規則性をもって内容を表示する。

■ 電子取引で入手した領収書等の簡便的な保存方法（索引簿の例）

連番	日付	金額	取引先	書類名等
A1	20230306	11000	○○株式会社	請求書
A2	20230407	22000	有限会社○○	請求書
A3	20230511	33000	株式会社□□	領収書
A4	20230630	12100	△△株式会社	領収書
A5	20230712	16500	株式会社 XXX	請求書
‥	‥	‥	‥	‥
‥	‥	‥	‥	‥
‥	‥	‥	‥	‥

例）2023年8月31日に株式会社○○社から受領した10,000円の請求書

⇒「20230831_㈱○○社_10000」

　この規則性を担保する方法として、前ページ図のような索引簿を作成して請求書等のデータを検索する方法も可能です。

② 「取引の相手先」や「各月」など任意のフォルダに格納して保存する。

③ 事務処理規程を作成し備え付ける。

　なお、基準期間（通常は2年前）の売上高が1,000万円以下（令和5年度税制改正により、令和6年1月1日以後にやりとりを行う電子取引データについては5,000万円以下）であり、税務調査の際などにダウンロードの求めに応じることができるようにしておく場合には、上記①の設定は不要です。

■ 従業員が経費等を立て替えて領収書を電子データで受領した場合等の留意事項

　従業員が支払先から電子データにより領収書を受領する場合も、その行為が個人事業者のための行為として行われる場合には、電子取引に該当します。そのため、この電子取引に関する電磁的記録については、従業員から集約し、取りまとめて保存し、管理することが望ましいですが、一定の間、従業員のパソコンやスマートフォン等に保存しておきつつ、日付、金額、取引先の検索条件に紐づく形でその保存状況を管理しておくことも認められます。

　なお、この場合においても、税務調査の際にはその従業員が保存する電磁的記録について、税務職員の求めに応じて提出する等の対応ができるような体制を整えておく必要があり、電子データを検索して表示するときは、整然とした形式及び明瞭な状態で、速やかに出力することができるように管理しておく必要があります。

7 勘定科目を覚えよう

お金の出入りを誰でも一目でわかるようにするためのテクニック

■ 勘定科目とは

複式簿記の考え方、仕訳の基本的なやり方がわかれば、簿記に関する基本はクリアしたといってよいでしょう。ただ、簿記には、ルールに従ってお金の出入りを記帳するということの他に、もう1つ大きな目的がありました。それは、「誰が見ても一目でお金の動きがわかるようにする」ということです。このもう1つの大きな目的を実現するのが、勘定科目ごとにお金の出入りをまとめるという作業です。勘定科目を理解すれば、お金の出入りを上手にまとめるテクニックが身につくのです。

勘定科目とは、家計簿（単式簿記）でいえば、「項目」、複式簿記でいえば、借方、貸方に記入する事柄のことです。家族旅行で10万円使った場合は、家計簿であれば「家族旅行費用」、複式簿記では借方に「家族旅行（サービス受領）」、貸方に「現金」と書きます。これらの「家族旅行費用」「家族旅行（サービス受領）」「現金」が勘定科目です。

■ 勘定科目ごとにお金の出入りをまとめるとは

勘定科目ごとにまとめるわけですから、具体的なお金の出入りをある程度のカテゴリーに分ける必要があります。逆にいえば、ある程度のカテゴリーになるように勘定科目を設定しなければなりません。

お金の出入りがカテゴリー別にあてはまるように勘定科目を設定するのは、それほど困難ではありません。たとえば、家計簿の場合、入金の場合の勘定科目は「収入」と「借入」、出金の場合の勘定科目は「食費」「水道光熱費」「家賃」「ローン」「娯楽費」「教育費」などと設

定すればよいでしょう。こうすれば、家族旅行による出費も、家族で映画を見にいったときの入場料も「娯楽費」という１つのカテゴリーに入れることができ、「家族旅行費」と「映画」という２つの勘定科目を設定した場合よりも支出を一目でわかりやすくすることができます。

　さらに、この家計簿の例から、お金の出入りが一目でわかるようにするためには、勘定科目をできる限り少なく設定すればよいということがわかると思います。入金で「借入」がない家庭であれば、「借入」の勘定科目を除く、子供がいない家庭であれば出金の「教育費」を勘定科目から除けば、お金の出入りがさらに見やすくなるはずです。

■ 大きく収益・費用・資産・負債などに区分される

　家庭には、子供がいる家庭、いない家庭、大家族、核家族など、さまざまな形があります。その形によって、お金の出入りの仕方も変わりますので、勘定科目も変わります。それが個人事業者となっても同じです。業種、業態によって、お金の出入りの仕方や内容が違いますので、勘定科目も変わります。ただ、個人事業者の場合は、納税義務者として適切な納税が行えるように一目でお金の出入りがわかるように配慮する必要があります。

　個人事業者が関係する勘定科目で最も大きなカテゴリーは、「資産」「負債」「元入金等」「収益」「費用」の５つです。資産とは「財産」、負債とは「借金」、元入金等とは「元入金」（法人でいうところの資本金）や「事業主貸」「事業主借」（個人的な入出金）、収益とは「収入」、費用とは「収入を得るために使ったお金」のことです。お金の出入りは、この５つの勘定科目の中のどれかに必ず入ります。

　ただ、この５つの勘定科目に従ってお金の出入りを分類すれば、簿記の大きな目的である「（お金の出入りが）一目でわかる」ようになるかというと、そうではありません。

　確かに本書では「勘定項目はできる限り少なく設定する」と説明し

ました。しかし、それにも限度があります。勘定科目を５つだけに絞ってしまうと、今度は、あまりにシンプルになりすぎて、かえって実体が見えなくなってしまうからです。たとえば、資産といってもその中身は現金、手形、土地、在庫などいろいろあります。これらを単にまとめて「資産」として記載しても、実際の姿はわかりません。

　一方、５つの勘定科目は、究極の簡素化を行った結果に生み出されたものですので、非常に重要なものでもあります。たとえば、負債の金額が資産の金額よりも多ければ、「債務超過（借金が財産よりも多い状況）」とわかります。５つの勘定科目に絞り込んだことで「一目で」判断できるのです。

　そこで、実際の簿記では、これらの大きな勘定科目の中にさらにいくつかの勘定科目を設定して記帳します。そうすることによって、ようやく、自らが行っている事業の実態を含めて「一目でわかる」ようになるのです。

■ ５つのカテゴリーに含まれる代表的な勘定科目 ⋯⋯⋯⋯⋯⋯⋯

資　産	現金、当座預金、普通預金、受取手形、売掛金、建物、土地
負　債	支払手形、買掛金、預り金、借入金、未払金
元入金等	元入金、事業主貸、事業主借
費　用	仕入、給料、支払利息、地代家賃、旅費交通費、交際費
収　益	売上、受取利息、受取配当金、受取手数料

仕事用の通帳を作る

　開業したのであれば、仕事用の通帳とプライベート用の通帳を分けましょう。仕事用の通帳を分けている場合はプライベートの入出金が混ざっている場合と比べて記帳を大きく簡便化することができます。また、口座からの出金が仕事によるものなのか、プライベートによるものなのかわからなくなってしまうこともありません。事業に屋号を使用している場合は、個人の名前の前に屋号をつけて口座を開設することができます。

　こうして開設した口座から経費の支払いを行い、売上の振込みをしてもらうようにします。通帳からはさまざまな経費が引き落とされるので、時間が経つと何の費用であったかわからなくなってしまうことがあります。プライベート用と仕事用の通帳が分けられていなければなおさらです。そこで、通帳にはすぐに書き込むクセをつけておきましょう。何の費用であったか、プライベート用の支出であったかなど、何でも書き込んでおけば、記帳をする際に時間がかかってしまったり、勘定科目がわからずじまいになったりせずにすみます。

入金についての注意点

　売上の記帳をより簡潔に行うためには、現金で受け取った売上代金をすべて預金口座に振り込むとよいでしょう。そうすれば、通帳からの記帳だけで売上をすべて拾うことができます。つまり、売上を記帳する際は現金出納帳を使わなくても、預金出納帳のみの入力で済むようになるのです。この際に注意すべき点は、「預金口座に入金した売

上金額が何の商品か」「どこの取引先に対するものか」「いつの売上か」などがわかるように、領収書控えや請求書控えをきちんと保管しておくことです。領収書控えや請求書控えがあれば、いつのどんな内容の売上であったかをたどることができます。これらの領収書控えや請求書控えは、連番を振って管理するようにしましょう。もし請求書がデータで保管されているという場合は紙に打ち出し、同じく連番を振りましょう。売上代金として受け取った現金は、可能であればその日ごとに、難しければ2～3日ごとにまとめて預金口座に入金しましょう。この際、小銭も含めてすべての売上代金を入金します。また、通帳には何月何日分の売上に該当するのかを書き込むようにしましょう。

■ 出金についての注意点

　事業用の現金残高が足りず、プライベートのお金から経費を支払ってしまうことがあります。このような場合に記帳が煩雑にならないようにするためには、使ったプライベートの金額分だけ仕事用の預貯金口座から引き出すという方法があります。この際、仕事用の通帳には支払った内容もしくは領収書と紐づけられるように番号など（領収書にも同じ番号を記載）を書き込んでおけば、経費を記帳する際に該当する領収書を見ながら入力することができます。

　このように処理しておけば、記帳するときは預貯金口座から支払った経費として、預金出納帳のみに入力すればすみます。ここで注意すべきことは、プライベートのお金から支払った金額すべてを、口座から引き出すということです。

　一方で、仕事用の預貯金口座から引き出したお金をプライベートで使用してしまうというケースもあります。この場合はプライベートに使用したことが後からもわかるように、すぐに通帳にメモし、区別できるようにしておきましょう。

9 書類の作成と保管について知っておこう

書類は後から探しやすいように保管する

■書類を整理する際の注意点

書類には、見積書、契約書、発注書（注文書）、納品書、検収書、請求書、領収書など、取引の流れに沿って多くの種類があります。これらの書類は帳簿に入力する際に使用するのはもちろんのこと、参考情報として過去の取引条件や単価などを振り返って見るときにも使用します。そのため、書類は探しやすいように整理、保管しておく必要があるのです。また、帳簿と同じく書類も一定期間保存することが義務付けられています。青色申告者の場合、通帳や領収書といった現金および預金の取引に関係する書類は7年間、見積書や契約書などのその他の書類は5年間保存する義務があります。ある程度の期間保管しておくことを考えると、年度ごとに書類を取りまとめ、スッキリ整理しておきたいものです。

書類を紙面の形で整理する場合には、まず書類の種類ごとに挟み込むファイルを分けます。ファイリングする際は日付順に新しいものを上に重ねる方法が一般的です。取引先数が多い場合は、同じ種類の書類でも取引先ごとにファイルを分ける方法もあります。また、必要な書類を後からも探しやすいように、売上、仕入、経費、給与といった分類ごとにファイルを分けるとよいでしょう。

■売上に関する書類のまとめ方

取引先に商品などを販売した際は、販売代金を回収するために請求書を発行します。請求書を発行する際は、忘れずに控えを取るようにしましょう。請求書の控えがないと、いつ、どの取引先に、どのよう

な内容の売上が上がったかがわからなくなってしまうからです。そして、請求書と同じように、請求書の控えにも連番を振って管理しておきましょう。請求書の控えをファイリングする際は、新しい請求書が上になるように下から日付順に重ねていきます。取引先が多い場合は、ファイルを取引先別に分けるとよいでしょう。頻繁な取引のない取引先については、その他の取引先としてまとめてファイリングします。

　なお、発行する請求書は市販のものでも、パソコンなどで作成したものでもどちらでもかまいません。

　請求を行った後、実際に取引先から販売代金を回収した際は、領収書を発行します。領収書は、代金を受け取ったことを証明するために発行するものです。領収書についても、控えを残しておくことを忘れないようにしましょう。領収書の控えがないと、どの取引についてどのような内容の領収書を発行したかがわからなくなってしまいます。複写式の領収書を利用することで、領収書の作成と同時に領収書の控えも残せるようになります。もちろんパソコンなどで作成した領収書の控えをとっておくという方法でもかまいません。パソコンで作成した場合は、領収書と控えを同時に紙に打ち出し、原本と控えに割印を押しておくようにしましょう。ただし、銀行へ代金が振り込まれている場合は、領収書の発行が省略されることが多いようです。この場合は、通帳で振込みを確認することができます。

　なお、5万円以上の代金について領収書を発行する際は、収入印紙を貼ることを忘れないようにしましょう。5万円以上の代金を受領する際の領収書は、印紙税の課税対象となるためです。印紙税額は受領する金額によって定められています。領収書に収入印紙を貼り、その上から消印を押すことで印紙税を納税したことになります。

■ 仕入・経費に関する書類のまとめ方

　物を購入したときやサービスの提供を受けたときに代金を支払った

際は、領収書を受け取ります。領収書は、特に現金払いによる購入取引を帳簿に記帳する際に必要になってきます。領収書はサイズも小さい上に量も多くなりがちなため、放っておくと紛失してしまうリスクがあります。また、仕事用とプライベート用のどちらの用途に使ったものか、わからなくなってしまうことがあります。そのため、領収書は年末にまとめて整理するのではなく、毎週末ごとなど、こまめに整理していく必要があるのです。

　なお、電車の交通費など領収書を受け取らない経費もありますが、この場合は出金伝票を作成することで領収書の代わりとすることができます。領収書を整理する方法として、ノートなどの紙に日付順に貼り付けるというものがあります。この方法によると、領収書を見やすく整理でき、また紛失も避けられます。もし、紙に貼るのは手間がかかりすぎてしまうという場合は、月別に封筒などにまとめて保管しておくとよいでしょう。

　仕入・経費に関する書類としては、領収書の他に、請求書や納品書があります。これらの書類は記帳の根拠資料となると同時に、過去の仕入条件や単価などの情報の参考資料として役立ちます。そのため、これらの資料もなくさないように、そして後から見つけやすいように整理しておく必要があります。

　請求書と納品書は別のファイルに分けて保管しますが、その整理方法は基本的には同じです。

　取引を頻繁に行う取引先については、その取引先ごとに1冊のファイルを作るとよいでしょう。そして、後から調べやすいように、日付順に、また新しいものが上に来るように請求書や納品書をファイリングします。一方、取引量が少ない取引先や単発の取引を行った取引先の場合は、その取引先ごとに1冊のファイルを作ってしまうとスペースのムダ使いになってしまうことがあります。そのため、このような取引先からの請求書や納品書については、「その他の取引先」として

1冊のファイルにまとめます。こちらのファイルについても、書類をファイリングする際は日付順に、そして月別に分けるとスッキリ見やすくなります。

■ 契約書について

契約書は取引を行う際の重要な書類です。口頭のみで取引を始めてしまうと、取引条件や支払条件などについて後々両者の言い分に齟齬が生じ、トラブルに発展しかねません。そのため、納品物、納品時期、検収方法、支払時期などの取引条件を明記した契約書を作成し、当事者同士で交わす必要があるのです。また、契約書はそもそもの契約の存在自体を証明する書類にもなります。このように取引条件を明文化した書類が当事者同士の手元にあれば、適時その書類で条件を確認することができ、スムーズな取引にもつながります。

なお、契約書が課税文書に該当する場合は、印紙税がかかります。課税文書に該当するかどうかは、契約書の内容によって判断することになります。もし判断に迷う場合は、管轄の税務署に契約書を持っていき、課税文書に該当するかどうかを確認するのがよいでしょう。課税文書に該当する契約書を交わす場合は、収入印紙を貼り、消印をすることで印紙税を納税します。

契約書はそれなりに厚みもあるため、クリアブックに入れるなどして保管するとよいでしょう。このように保管しておけば、契約書を見やすく、またスッキリと整理することができます。また、契約が継続しているものと契約がすでに終了しているものとでファイルを分けることで、後から検索しやすくなります。

10 帳簿作成のルールを覚えておこう

現金の管理方法を身につける

■ 前提条件を整える

帳簿の記帳に際しては次のような点に注意します。

① 個人用の現金預金と事業用の現金預金を区別すること

帳簿を記帳する場合、個人用と事業用の現金預金を明確に区分することからスタートします。青色申告の記帳の対象は事業用の取引であり、個人用の取引は記帳する必要がないからです。個人の取引の記帳と内容把握は家計簿にまかせればよいのです。ところが、「帳簿が面倒」「なかなかつけられない」などという人に限って、個人用と事業用の現金預金を区別していません。このため、たとえば個人の住宅ローンを支払った場合も、事業主貸で処理しなければならなくなるのです。つまり、個人用と事業用の現金預金を区分できていないために、預金の動きを忠実に記帳しようとすると個人の取引まで記帳せざるを得なくなってしまうのです。このような個人用の部分を除外するだけでも記帳しなくてよい部分が広がります。

では、どのようにして個人用と事業用の現金預金を明確に区別すればよいのかを確認します。

・事業用の現金の金庫を設けること

事業用の現金保管用の金庫を用意し、その中に現金（たとえば10万円）を入れます。現金出納帳の残高も10万円からスタートします。

・事業用の預金口座を開設すること

個人の通帳とは別に事業用の預金口座を開設します。なお、電気料・電話料などで家計と事業双方に共通して支出される経費は、なるべく事業用の口座から引き落とすようにします。電気料などの家事関

連費を個人通帳から引き落とす場合は、年末に個人の通帳から拾い出して記帳しなければなりませんが、うっかり忘れやすいものです。そこで、事業用の通帳から引き落とすようにすれば、帳簿に記帳することになり、記録が残ります。年末には、個人負担分を按分して事業用経費から除外すればよいのです。

なお、個人・事業間の現金預金の移動は事業主貸や事業主借といった勘定科目で処理します。

② **なるべく預金を通すこと**

現金の入出金は記録が残りづらいので記帳もれが生じやすくなります。そこで、できるだけ通帳を通して取引をするようにします。たとえば、売上代金を現金で受け取らず預貯金の口座に振り込んでもらうようにします。また、仕入代金や経費の支払も同じように振込みによって処理するようにします。

この結果、預金通帳に入出金の記録が残るので後になっても取引状況がわかります。これに対して、現金による取引の場合は記録が残りづらいので、後日取引状況を思い出すのが困難です。

③ **現金は小口現金制度を採用すること**

小口現金制度とは、定額（たとえば10万円）を残高として手元（金

■ **個人用現金預金と事業用現金預金の区別** ……………………

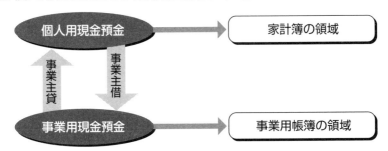

庫などに保管する）に置いておき、その中から日常的な経費の支払を行い、小口現金の残高が少なくなると、定額部分と残高の差額を補充する制度です。たとえば、経費などの支払の結果、小口現金の残高が1,500円になった場合に、10万円との差額である98,500円を預金通帳から引き出して小口現金に補充します。

　現金を支払ったときは必ず領収書などの証憑書類を受け取りますが、金庫内の現金残高と領収書などの金額を合計すると常に定額（10万円）になりますから、現金の管理が容易になります。

　なお、売上代金を現金で受け取った場合、小口現金とは別に管理し、すぐに預金口座に入金するようにしましょう。

④　領収書の日付が会計処理の出金日ではない

　必ずしも領収書の日付で現金出納帳を記帳するわけではありません。たとえば、1週間の出張をし、帰ってから旅費を精算する場合、1週間分のさまざまな日付の領収書が混じっています。これを記帳する場合、領収書の日付を現金出納帳の出金日付にしてしまうと一時的にせよ現金がマイナスになってしまう日が出る可能性があります。たとえば次の例で確認してみましょう。

■ 小口現金制度 ┈┈┈┈┈┈┈┈┈┈┈┈┈┈┈┈┈┈┈┈┈┈┈┈┈

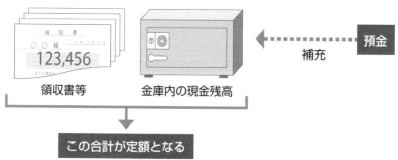

- ・11月20日の現金出納帳残高　10,000円
- ・11月21日から11月26日まで出張し、合計で30,000円の経費を支出したが、全額個人で立て替えた。内訳は次の通りである。
    - 11月21日　交通費12,000円
    - 11月26日　宿泊代と交通費18,000円
- ・11月27日に上記経費を事業用金庫から精算した。ただし、現金残高がないので50,000円を通帳から引き出した。

　この例で、現金出納帳に領収書の日付順で記帳すると11月21日現在で、△2,000円（10,000円−12,000円）になります（△はマイナスのこと）。しかし、よくよく考えると事業用金庫から現金が出たのは11月27日であり、現金出納帳上の現金出金はこの日で行うべきなのです。そのため、現金出納帳には金庫内の現金が動いた時点で記帳するようにします。そして、そのつど残高を算出し、金庫内の実際の残高を数えて、帳簿上の残高と照合するのです。現金管理は会計管理の基本中の基本です。事業規模の小さいうちからしっかりとした現金管理の習慣を身につけましょう。

■ **現金管理の基本原則** ……………………………………………………

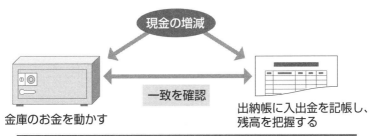

現金の増減

一致を確認

金庫のお金を動かす

出納帳に入出金を記帳し、残高を把握する

現金の増減について「金庫のお金の動き」と同じことを「帳簿に正確に記帳」すれば実際残高と帳簿残高は一致する

既存事業者の記帳開始時期を知っておこう

1月1日〜12月31日の帳簿を記帳し、書類を保存する

■ 3月15日までに届け出れば、その年分から青色申告が適用される

　既存の白色事業者が青色申告を適用したい場合には、3月15日までに「所得税の青色申告承認申請書」を提出すれば、その年分から青色申告を適用することができます。

■ 記帳開始時期はどうするか

　白色事業者が青色事業者になった場合の問題は、1月1日から承認申請書の提出日までの帳簿をどうするかです。提出日までの帳簿はいらないのではないかという疑問もあると思いますが、所得税法上、青色申告を適用するためには、その年分（1月1日〜12月31日）の帳簿を記帳し、書類を保存していなければなりません。

　このため実務上は、承認申請書の提出日までの帳簿は、後から作成することになります。帳簿を作成する前提として、前年末の棚卸資産や諸勘定科目の残高と内容を整理し、それを記録しなければならないことになっています。

　そこで、青色申告の承認申請は3月15日までとはいっても、青色申告を適用するかどうかは早めに意思決定（前年末までがよい）し、必要な記録を保存しておくようにしましょう。

■ 前年末の貸借対照表がスタートとなる

　棚卸資産や諸勘定科目の残高の整理とは前年末の貸借対照表の金額を明らかにすることです。具体的には、次のような帳簿や書類をもとに明らかにしていきます。

・現金 … 前年末の現金出納帳の残高（実際残高と照合する）

・預金 … 前年末の普通預金通帳、証書の残高

・受取手形 … 受取手形記入帳、手形（現物）、手形割引依頼書など

・売掛金 … 売掛帳、請求書控え

・棚卸資産 … 実地棚卸を行って、在庫金額を確定する

・固定資産 …「減価償却費の計算」と「固定資産台帳」

・支払手形 … 支払手形記入帳、手形控え

・買掛金 … 買掛帳、請求書など

・借入金 … 借入金返済予定表

・元入金 …「資産の部合計−負債の部合計」で計算する以上の結果、「科目内訳書」を作成して保存しておきます。また、この金額が帳簿上のスタートの金額（前期繰越）になります。

■ 科目内訳書から各帳簿への転記 ………………………………………

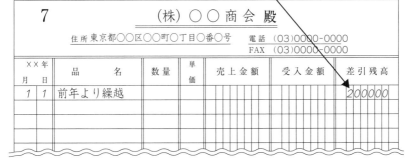

Column

事業所得と雑所得の区分

　「事業所得」と「業務に係る雑所得」は、いずれも業務によって得られた収入金額から必要経費を差し引いて所得が算定されるという点で共通します。しかし、事業所得は雑所得にはない多くのメリットがあります。具体的には、①事業所得に赤字が発生した場合には、他の所得と通算することで税金を軽減できる（損益通算）、②青色申告特別控除により最大65万円を所得から控除できる、③損益通算では控除しきれなかった損失を翌年以降の３年間の所得から控除できる（繰越控除）、④家族などの一定の者に対して支払った給与を必要経費にできる（青色事業専従者給与）、などがあります。

　ただし、事業所得と認められるには、その所得を得るための活動が、社会通念上事業と称するレベルで行われている必要があります。つまり、事業性（ある程度の売上規模があるか）、反復継続性（継続的に行われているか）、営利性（一定の儲けが得られる活動か）、リスク（自らの計算と危険において行われているか）、などを総合的に勘案し、これらを満たしていれば事業所得になり、そうでなければ雑所得になります。ただ、これらは抽象的な側面も多いため、事業所得か雑所得かの実務上の判断が難しい場面も出てきます。

　そこで、令和４年10月に国税庁により、各税務署員等に対する税務実務上の法令解釈指針である所得税基本通達が改正され、例年（おおむね３年程度の期間）、300万円以下で主たる収入に対する割合が10％未満の場合は雑所得として考えるという、一定の基準が設けられました。ただし、300万円超であったり、収入に対する割合が10％以上の場合であっても、その所得に関する取引を帳簿に記録し帳簿書類の保存がない場合や、その所得が例年赤字でそれを黒字にするための営業活動等をしていなければ、事業所得とは認められなくなります。このように、客観的な数値が織り込まれたことで、従来よりも事業所得と雑所得の区分がわかりやすくなったといえます。

第7章

請求書・領収書作成の基本と管理の知識

1 請求書の書き方について知っておこう

請求書は後々裁判になったとき重要な証拠となるので、記載ミスがないようにする

■ 請求書を作れば証拠になる

　取引上生じた債権や商品の引渡しを請求したことを証明する文書を請求書といいます。請求書は、たとえば、債権を回収しないまま何年もたってしまい、請求せずに放っておいたために、その債権が時効によって消滅するのを防ぎたい場合（時効の更新または完成猶予）、相手がきちんと債務を履行しないため、損害が生じて、特約条項の損害金の発生の有無を確定したい場合などに効果を持ちます。

　また、相手との間に債権がいくつもあるときは、請求書に、どの債権の請求をしたのかを必ず明記しておく必要があります。なお、相手とトラブルになる可能性が高い場合、内容証明郵便（郵便の差出人・受取人・文書の内容について、日本郵便株式会社が証明する郵便制度のこと）による請求をすることで証拠力が高まります。

■ 請求書の書き方

　請求書には、①宛先、②請求日、③作成者、④債権内容、⑤債権額、⑥支払期限、⑦振込先といった事項を記載します。令和5年10月1日以降に発行する適格請求書等ではこの他、169ページのとおり、発行事業者の登録番号や、軽減税率の対象品目がある場合には軽減税率の対象である旨、税率ごとに合計した対価の額、税率ごとの消費税額・適用税率も記載する必要があります。

　請求の時点で未だ入金されていない取引先が有する未払金がある場合には、その未払金についても記入するようにします。

■ 請求書の発行と入金の管理

　取引先に商品などを出荷する場合、納品書を同封しますが、納品書と複写になっている受領書を送り返してもらいます。そのために、当社宛の返信用封筒を同封しておきます。受領書には、商品受取の証明

■ 請求書サンプル ……………………………………………………………

請 求 書

No. ○○○○

2023年○月○日

株式会社○○御中

株式会社○○○○

（登録番号TXXXXXXXXXXXXX）

東京都○○区○○町○—○—○

電話 ０３－○○○○—○○○○

社印

下記の通りご請求申し上げます。

日付	商品名	数量	金額
4／5	A商品	1箱	320,000
4／12	B商品※	3箱	450,000
4／19	C商品	1箱	530,000
		…	…

合計　　　2,050,000円　　消費税　196,000円

8％対象　　450,000円　　消費税　　36,000円

10％対象　1,600,000円　　消費税　160,000円

※は軽減税率適用商品

となる受領印を押してもらいます。

　受領書が取引先から郵送されてきたら、請求書の作成をします。通常は締め日があるので、締め日に応じて請求業務を行います。請求書と受領書の内容に相違がないかをしっかりとチェックし、取引先へ郵送します。

　また、発行する請求書には通し番号をつけ、取引先に送ったものと同じ内容の請求書の控えを、手元に保管するようにします。

　ところで、代金の支払いには、現金だけでなく、小切手や手形、銀行振込などがあります。請求書を取引先へ送付した後は、取引先ごとに入金予定表を作成し、代金を期日までに回収できたかどうかを確認することが重要です。期日までに回収できない場合は、直接取引先に督促（催促）しなければなりません。

■ 請求書はいつ発行するのか？

　請求書は、基本的には商品やサービスを提供した都度発行するものですが、取引の相手先は通常は締め日を設けて、たとえば月末までに請求書が届いたものについてはその翌月末に支払うなどの所定のルールがある場合には、その時までに発行するのが一般的です。そのため、取引の相手先のルールによっては、その都度請求書を発行しなくても、たとえば1か月分の商品の納品を行った実績に基づき一つの請求書でまとめて発行することも可能です。

　逆に、取式の相手先の所定のルールに従って請求書を発行しなかった場合には、入金がその分遅れる場合があったり、また決算月であれば、適時に請求書を発行しないと、取引の相手先も仕入計上などの適切な経理処理ができなくなる場合があるため、取引の相手先の都合に合わせて請求書を発行する必要があることに留意が必要です。

2 領収書とはどのようなものなのか

領収書は一定の証拠書類になる

■ 領収書はいろいろなことに役立つ

　領収書とは、何らかの債務の弁済を証明するために、債務者に対して弁済の受領者が発行する書類のことです。身近なところでは、売買や金銭消費貸借（お金の貸し借り）などで金銭を受け取った際に発行します。支払う側から見れば、自分が支払ったことの証明ができ、受け取る側から見れば、自分が受け取ったことを証明できる。このようなはたらきを持つのが領収書です。

　また、金銭だけではなく書類や商品の受渡しなども債務に含まれますので、これらの弁済を受けたときに受領書等の名称で発行することもあります。

　つまり「領収書」という名称の書類だけではなく、取引明細書、受領書、領収等の文言の入った書面でも、債務の弁済を受けたことが明確に記されていれば領収書としての法的な意味を持ちます。

　売買の際に、領収書を受け取っていれば、買主にとっては、すでに代金の支払いが済んでいることの明確な証拠になります。また、領収書は、一定の金額を支払ったという証拠となるため、二重払いを防止するという機能もあるといえます。

　この他にも、領収書には、経理事務や確定申告の書類としてのはたらきもあります。つまり、経費処理などの申告の正しさを税務署へ証明するための証拠書類になります。

■ 領収書の発行を求められたら発行しなければならない

　領収書は必ず発行すべきものではありませんが、債務者（お金を支

払う側）が支払いの際に領収書を発行するように求めたときには、弁済と引換えに発行すべき義務が発生します。民法486条に「弁済をする者は、弁済と引換えに、弁済を受領する者に対して受取証書の交付を請求することができる」と規定されています。

また、判例では、弁済受領者が領収書（受取証書）を発行しないときは、債務者は弁済を拒否することができるとしています。これは、民法上、同時履行の抗弁権と呼ばれ、双方に債務のある契約で、弁済期にある債務を相手方が履行するまでは、自分の債務を履行しないと主張できる権利のことです。

適法に同時履行の抗弁権を行使した場合は、履行遅滞（履行することが可能な状況にあるにもかかわらず、債務者が、定められた履行期に履行しないこと）の責任を負う必要がありませんので、契約解除や損害賠償（遅延利息の支払いなど）の責任も生じません。

領収書がないと、後でその日に弁済があったかどうかで争いが起こったときに、証拠がありませんので、証明することが難しくなります。

たとえば、借金の返済の場合で考えてみますと、領収書を発行するということは、返済があったと認めたことになるわけです。

返済がないにもかかわらず、返済期日に領収書を発行したとすると、その日に返済があったと認めていますので、領収書を証拠に返済を拒まれたら、他の手段で証明しなければなりません。また、返済期日後に返済があったとしても、遅延利息の請求ができなくなります。

逆に、返済期日どおりに返済しても、領収書が後で発行されたとすると、その間の遅延利息を請求されても、返済期日に返済したことを証明できなければ支払わなければならなくなります。

このような争いを避けるためにも、民法上、前述した同時履行の抗弁権が認められており、領収書と引き換えでなければ、債務の弁済を拒むことができるとされています。

■ 物品の受領書も領収書である

「領収書」とは、債務の弁済を証明するために発行されるものですから、その弁済を受領した者から債務の弁済がなされた場合に交付される書面はすべて「領収書」であるということになります。

したがって、金銭の支払いの場合だけでなく、売買による商品の受渡しや請負による商品の引渡しなど、契約の目的物を受領した事実を記載した「物品受領書」も、「領収書」に含まれます。

ただし、物品受領書は商品を受け取ったということを証明する文書でしかないので、受け取った商品が壊れていたような場合の責任とは関係ありません。つまり、物品受領書に署名、押印などをした後に受領物が壊れていることがわかったとしても、物品受領書に関わりなく責任を追及できます。

■ 領収書の発行拒否と同時履行の抗弁 ……………………………………

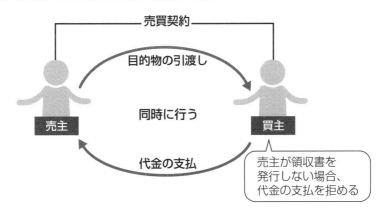

3 領収書を作成する際の注意点

最低限書いておくべきことがある

■ 作成上どんなことに注意したらよいのか

　法令には領収書に何を記載しなければならないかという規定はありません。しかし、領収書の性格を考えると、最低限、ⓐ領収書という名称、ⓑ金額、ⓒ日付、ⓓ発行者（受領権者）の氏名・押印、ⓔ宛名については書いておくべきでしょう。

　これらの事項を記載することで、「いつ、誰が、誰に対して、いくら支払った」という事が明確になり、その事実を証明することができます。「但書」については、何の代金として受け取ったのかを明確にするために、記載したほうがよいでしょう。また、領収書の用紙にも大きさや形状などの決まりはありません。

　なお、支払いの相手が代理人の場合には、委任状などによって相手の受領権限を確認する必要があります。弁済をした相手に受領権限がなければ、受領権限のない者に対する弁済となり、善意かつ無過失でない限りは、本人に支払ったことになりません。

　また、領収書を受け取る立場になった場合には、168 ～ 169ページで説明した区分記載請求書等や適格請求書等のように、仕入取引について一定の記載事項を満たした書面を入手しないと消費税に関する仕入税額控除が受けられません。したがって、消費税の課税事業者が仕入税額控除を受けるには、上記ⓐ～ⓔの他にも、令和元年10月１日から令和５年９月30日まで適用される区分記載請求書等制度については、軽減税率の対象品目である旨及び税率ごとに合計した対価の額を記載し、令和５年10月１日から適用される適格請求書等制度については、さらに税率ごとに合計した消費税額、適用税率、登録番号が記載され

た領収書を入手する必要があります。

■ 領収書は番号をつけて管理する

　領収書には、金額、日付、発行者（受領権者）、宛名、但書（その他前述した仕入税額控除適用のための記載事項）が記載されていれば問題ありませんが、さらに領収書に「番号」をつけることで、経理上管理しやすくなります。また、連番で管理すれば税務調査のときに不正を疑われることもありません。

　宛名には、金銭を支払った相手の氏名（会社などの法人の場合は名称）を記載します。株式会社であれば「（株）」ではなく、「○○株式会社」「株式会社○○」と省略せずに書きます。「上様」も領収書としては有効ですが、紛失時に悪用されないためにも氏名・名称を書くようにしましょう。また、宛名が「上様」だと私的流用が疑われて、税務署に経費として認められない場合があります。自分宛に書いてもらうときにも、会社名や個人名を書いてもらうようにします。

　第三者が債務を弁済した場合の宛名には2通りあります。

　1つは、債務者の使者（本人の決定した意思表示を伝達する者）として第三者が弁済した場合で、宛名は債務者にします。

　もう1つは、債務者のために第三者が弁済した場合（たとえば、保証人が債務者に代わって弁済をする場合など）で、宛名は第三者にします。この場合、第三者が債務を負担していますので、第三者が債務者へ求償することができるように、「但書」に債務者を記載して第三者として弁済したことを明確にしておく必要があります。

■ 発行日ではなく受領した日付を書くこと

　「領収書」という名称の書面だけではなく、金銭や商品などを受領したことが明確に記載されていれば、表題に関係なく受取証書としての効力を持ちます。表題がなくても記載内容に受領した事実が記され

ていれば、領収書ということができます。領収書以外にも一般的な表題として、領収書、受領書、勘定書、証明書、領収印つきの納品書、取引明細書、領収、振込通知書などがあります。

また、通常は受領と引き換えに領収書を発行しますので、領収書の日付と受領日は一致しますが、後日発行する場合などに領収書の日付と実際に受領した日が違っていたとしても、受領した事実はあるので受取証書としての効力に変わりはありません。

しかし、領収書の日付にはその日に返済（債務の弁済）があったことを証明するはたらきもありますので、日付が返済日より後になっていると履行遅滞となって遅延利息を請求されてしまいます。逆に返済日より前になっていると遅延利息の請求をすることができません。

また、領収書の日付が受領日と異なることを利用して、税金を逃れたりすると脱税になります。これらのことから、領収書の日付は発行日ではなく受領した日付を書かなければなりません。

▓ 記載のポイント

領収書の金額の記載方法について法律の規定はありませんが、金額を容易に書き換えることができないように、ⓐ金額の頭部分に「金」または「¥」を用い、最後に「円」「也」や「※」「－」など用いる、ⓑ三桁ごとにコンマで区切るようにするとよいでしょう。また、本書のサンプル（238ページ）は算用数字で記載していますが、「壱、弐、参、拾」といった漢数字を用いる方法も、改ざん防止のための有効な方法のひとつです。

弁済する側は、相手の受領権限（受領権者であること）を確認し、領収書にも明確に記載してもらう必要があります。反対に、受領する側、つまり債務の弁済を受け取る側（領収書の発行者）の欄には、略称・通称などではなく、正式な氏名・名称の記載が必要です。

たとえば、個人の場合は、ペンネームや芸名などではなく、「○○

○（通称）こと△△△△（本名）」のように、個人を特定できるように書くのがよいでしょう。また、代理人として受領する場合は、「△△△△△代理人○○○○」のように代理権がある旨の記載が必要です。

■ 但書の記載には意味がある

領収書の但書は、何に対する弁済なのかということを明確にする意味があります。

たとえば経費として処理したときに、但書に商品名が書かれていれば、その商品を購入したということが明確になりますので、経理の管理の効率化にもつながり、税務調査が入ったときでも安心です。

借金の返済の場合に、「元本の返済なのか」「利息の支払いなのか」「何回目の支払いなのか」などを明確に記載しておけば、後々問題になった場合に、重要な証拠になります。このように但書を明確にしておけば、流用されたり悪用される危険もなくなります。

■ 営業に関するものについては印紙を貼付する

金銭または有価証券の領収書は、印紙税法別表第一の第17号文書の「金銭または有価証券の受取書」にあたり、印紙税が課税されます。

印紙税の納付は、作成した文書に印紙を貼り付けることで行います。

印紙を貼らなければならない文書に印紙を貼らなかった場合は、領収書としての効力には影響ありませんが、必要な印紙税額の３倍の過怠税が徴収されます。また、消印（215ページ）をしなくても過怠税が課されますが、この場合は印紙税額と同額が徴収されます。

債権と債務を相殺（相対立する２つの債権があるとき、これらの債権をお互いに対当額で消滅させること、たとえば、AがBに100万円の貸金債権をもち、BがAに100万円の売掛金債権をもっている場合）して領収書を作成した場合、実際には金銭または有価証券の受領事実がないため、印紙税法上の受取書にあたりません。つまり、たとえ領収

書という表題であっても、印紙を貼る必要がないということになります。しかし、相殺の事実が文書上明らかにわかるように記載しておかないと、印紙税法上の受取書であるとみなされることになります。

　一部の金額については相殺により消滅させ、残額を金銭で受領する場合には、その区分を明確にしておけば、実際に受領した金額についての印紙税を納めればよいことになります。

　なお、金銭または有価証券の受取書であっても、受取人にとって受け取った金銭などが営業に関しないものであれば非課税になります。つまり印紙を貼り付ける必要はありません。ここで、営業とは、利益を得ることを目的として、同じ行為を繰り返し（反復継続して）行うことをいいます。

■ 領収書と収入印紙

　領収書に記載された受取金額が５万円以上の場合には印紙税という税金が課されるため、収入印紙を貼付する必要があります。ただし、印紙税の対象となる金額には消費税は含まれません。そのため、領収書において本体価格の消費税額が領収書に記入されている場合には、その消費税額は領収額に含めないことになっています。

　たとえば、受領金額が税抜きで48,000円である場合、受領金額として消費税10％の税込金額である「52,800円」とだけ記載すると、印紙の貼付が必要となります。しかし、次のように記載することで印紙を貼る必要はなくなります。

　「52,800円 但 うち消費税額等4,800円」

　税抜金額が５万円未満となる場合には印紙代の節約になりますので、消費税額を分けて記載するようにしましょう。

■ インボイス制度における領収書の記載事項

　インボイス制度の開始日である令和５年10月１日以降に領収書を発

行する場合には、以下の6つの項目を記載する必要があります。

① 領収書を発行した事業者の氏名または名称と登録番号

② その取引が行われた日付

③ その取引に関する資産または役務の内容

④ その取引の税抜価額または税込価額を税率ごとに区分して合計した金額と適用税率

⑤ 税率ごとに区分した消費税額等

⑥ 領収書の交付を受ける事業者の氏名または名称

　なお、小売業や飲食店業、タクシー業などの一定の事業者については、簡易インボイス（適格簡易請求書等）の発行が認められ、⑥の記載が不要となり、また、通常の領収書には適用された税率と消費税額の両方を記載する必要がありますが、適格簡易請求書等の制度に基づき発行する領収書ではどちらか一方のみの記載で足ります。

▓領収書の再発行はどんな場合になされるのか

　領収書をなくした場合、支払済みの証明が難しくなるため、後日争いの原因になるかもしれません。領収書を不正使用されるおそれもあります。このようなことを避けるために、相手方に領収書の再発行や支払証明書などの発行を請求することになります。しかし、相手方には領収書の再発行に応じる義務はありませんし、再発行でも印紙代がかかりますので、再発行してもらえるかどうかは相手方しだいです。したがって、領収書を再発行してもらいたい時には、相手方に対して誠実にお願いしましょう。収入印紙が必要な場合にはその費用を負担したり、相手方に念書を差し入れるなど、より誠実な対応になります。

　一方、領収書を発行する側にとっては、再発行の義務もありませんし、断ることも1つの手段です。しかし、お客様あっての商売ですので、できる限り再発行に応じるほうがよいでしょう。この場合、支払証明書を発行すれば足りますが、領収書を再発行する場合には、領収

書に「再発行」という表示をいれ、日付は再発行する日とし、領収書を二重に発行したことにならないようにすべきです。「再発行」と記載しないと、お金を二重に受け取ったと見られることもありますし、経費の水増しなどに利用されるおそれもあります。

■ 領収書サンプル①（収入印紙の貼付が必要な場合）………………

■ 領収書サンプル②（収入印紙の貼付が不要な場合）………………

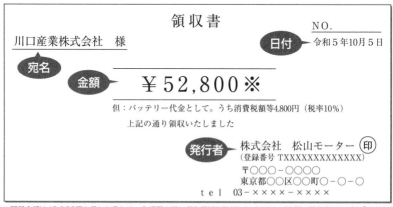

※記載金額は48,000円と扱われるため、金額欄の横に収入印紙を貼付しなくてよい（上図の領収書サンプル①と比較）

4 領収書を受け取る場合に知っておきたいポイント

必要な記載事項に漏れがないかを確認する

■ どんな注意点があるのか

　領収書は、金銭を受け取った証拠として相手に渡すものであり、領収書を受け取る人から見た場合は金銭を支払った証拠となるものです。民法486条には「弁済をする者は、弁済と引換えに、弁済を受領する者に対して受領証書の交付を請求することができる」とあります。領収書は必須のものではありませんが、お金を支払う人から「領収書を発行してほしい」と言われたら、それに応じなければなりません。

　お金を支払う側（領収書を受け取る側）からすると、領収書は経費を使って商品などを購入した証拠です。これは税務申告や税務調査のときに経費の資料として必要です。領収書がなかったり領収書の内容に問題があったりする場合は、架空の領収書だと疑われたり、支払ったお金が経費として認められないことがあるので注意が必要です。

　実際に領収書を受け取る場合には、ⓐ日付、ⓑ宛名、ⓒ受領権者（発行者）、ⓓ金額、ⓔ但書（その他169ページで記載したインボイス制度に基づく仕入税額控除適用のための記載事項）が明記されていることを確認してから受け取ることが大切です。もっとも、実務上は、宛名を「上様」にする、宛名・日付・但書を空欄にする、架空のものにするなど、不備や不適切な記入がある領収書が多くやりとりされています。通常の領収書に多少の不備があっても問題となることは少ないのですが、税務調査で指摘されたり、支払の有無についてトラブルとなる場合がありますので、正しく記入された領収書を受け取るようにするべきです。

　この他にも、印紙の貼付と消印が必要となる場合もあります（215

ページ）。また、受領権者については、署名・押印などのやり方について注意すべき点がいくつかあります。

■ 署名・記名・押印等の取扱い

　領収書の受領権者（発行者）の欄にはお金を受け取った人（法人）の名前が書かれ、通常は押印されています。最も望ましいのは、領収書を発行するときに、発行する人がその場で署名と押印をすることです。

　しかし、記名も押印部分もすべて印刷している領収書もあります。実務上、署名・記名・押印の方法はいろいろあります。そこで問題となってくるのが、この部分がどのように書かれているかで領収書の信用力に差がつく場合があるということです。

　「署名」（サイン）は「記名＋押印」と同様の意味を持ちます。つまり「署名」があれば押印がなくても領収書は有効ということになります。日本では従来より「押印」が慣習であり、「署名」よりも「記名」（本人の手書き以外の方法で名前を記入）と「押印」が重視されていました。実務上は、領収書にはあらかじめ記名部分が印刷されていて、支払いを受けるときに、押印のみを行って領収書を渡すケースが多く見られます。これは日本では押印が最終意思決定だと考えられていることを示しています。しかし、最近ではデジタル化の推進等により、押印不要な文書も普及し始めています。また、インターネット取引などの場合、昨今では電子媒体によって作成された領収書も増えてきています。

■ 振込金受取書と領収書の違い

　売上や仕入などの支払いを振込で行うことは、直接現金を扱うよりも防犯の上で安全であり、効率的に事務を行うことができるなどの利便性からもよく利用されています。

　振込による決済の場合、金融機関から発行される振込金受取書は、

領収書の代わりになるのでしょうか。

　振込金受取書は、金融機関が振込金を受領し振込先へ送金したという証明書なので、金銭授受の証拠としては領収書よりも強力だといえます。ただ、振込金受取書は決して領収書と同等のものではありません。発行者が受取人ではなく金融機関になるからです。また、日付、金額、受取人の記載がありますので金銭授受の証拠にはなりますが、何の対価であるかは記載されていません。

　これらのことから、振込金受取書自体は領収書の代わりにはなりません。ただし、納品書や請求書、契約書など他の書類とあわせることで、領収書とほぼ同じ効果を持たせることができます。なお、振込の場合であっても、領収書の発行を相手方に求めることができます。

　また、振込金受取書は不正利用の危険性があるので、注意が必要です。たとえば、従業員が架空の請求書を作って自分で作った口座へ振り込み、それを後で経理に請求するなどという不正があったとしても、直ちに見抜くことは難しいかもしれません。

■ 領収書を受け取る場合に必ず確認する事項 ……………………

日付	令和５年10月２日
宛名	川口産業株式会社
受領権者（発行者）	株式会社松山モーター
金額	￥550,000※
但書	但：自動車代金として

※課税事業者の場合は、令和５年10月１日以降のインボイス制度導入後では、この他に税率ごとに合計した消費税額、適用税率や領収書発行者の登録番号も確認が必要

■ 受領権限のない者の発行した領収書の効力

受領権限のない者への弁済は、弁済した者が善意かつ無過失でない限り無効となりますので、受領者が誰なのか、その者に受領権限があるかということは重要な意味を持ちます。このことから、受領権限のある者が発行した領収書を受け取るようにするべきです。

会社法14条1項は「事業に関するある種類又は特定の事項の委任を受けた使用人は、当該事項に関する一切の裁判外の行為をする権限を有する」と規定しています。たとえば、部長や課長は担当部署の事業に関して通常は代理権が与えられていますので、その事業に関して受領権限を持っています。このように代理権を与えられた社員には受領権限がありますので、領収書を受け取っても問題ありません。

しかし、肩書きどおりの権限を与えられていない者もいますので、後に受領権限について争いが起きるおそれがあります。特に高額な場合には、代表取締役の委任状を要求するなど慎重に対応するべきです。

また、支社・支店・営業所などの領収書は、受領者やその受領権限について明確ではありませんので、このような領収書を受け取る場合には注意しましょう。

債務は債権者に対して直接弁済し、引き換えに領収書をもらうことが基本です。仲介業者や代理人などへ支払うときは、委任状などで受領権限の有無を確認し、過失のないようにすべきです。

■ 領収書には押印があったほうがよい

発行者の欄が署名だけの領収書は、できれば受け取ることを避けて、

押印してもらうようにしましょう。

　署名だけの領収書は、領収書としては問題ありません。筆跡により本人を特定することができるため、本人が作成したことを証明することはできます。しかし、最終的な意思表示がなかったのではないかと、後で争いになるおそれがあります。日本の商慣習では、依然、押印をすることが最終的な意思表示であるとされている場合があるためです。

　高額だったり重要な取引などの場合は、発行者の押印（法人の場合は代表者印）がされた領収書を求めるようにしましょう。

　また、領収書の発行者が個人の場合、個人を特定できるのであればペンネームや芸名などを使用することができます。たとえば公演料を作家に支払う場合など、そのペンネーム名義の領収書を受け取る場合です。しかし、複数のペンネームを持っている場合や、後で変更されるかもしれない場合、特定が困難になることがあります。また、押印の問題もあります。したがって、但書に本名が特定できるような記載をしてもらい、個人の特定ができる領収書を受け取るようにしましょう。たとえば「芸名○○こと、本名△△」などです。

■ 社名に変更があった場合

　契約後に相手方の商号（会社名）に変更があった場合、契約書と領収書の商号が違ってしまいます。この場合の領収書の名義はどうすればよいでしょうか。新商号で発行された領収書の場合、会社の登記事項証明書を見れば同じ法人であることは簡単にわかりますので、問題ありません。ただ、念を押して、旧商号も併記してもらうとよいでしょう。また、領収書には確定申告の証拠書類としてのはたらきもあります。税務調査で、商号が違うためにチェックが入ることもあります。旧商号も併記されていれば、手間も省けますし、無用の疑いを持たれなくてすみます。

■ 領収書の訂正

　領収書は訂正することができます。記載事項を訂正する場合は、元の記載が読めるように訂正箇所に２本線を引き、正しい記載をして発行者の訂正印をします。一方、手持ちの領収書を発行者の代理人や使用人が訂正することになった場合は、その者に訂正権限があるかどうかを確認する必要があります。具体的には、代表取締役の委任状などを提示してもらうとよいでしょう。

　実際には代理権がないものの、代理権があると信じても仕方がない事情が相手方にある場合には、本人（領収書の発行者）に責任を負わせる（代理権のない者がした領収書訂正の効果を本人に帰属させる）とした表見代理という制度があります。民法は以下の３つの表見代理を認めており、一定の条件で本人が責任を負います。ただ、一定の条件を立証して表見代理を成立させるのは困難ですので、領収書の訂正をしてもらうよりは、改めて正しい事項を記載した領収書を発行してもらうほうがよいでしょう。

・**代理権授与の表示による表見代理**

　代理権のない者に代理権を与えたかのような表示を与えた場合。

・**権限外の行為の表見代理**

　代理人が与えられた権限外の行為をした場合。

・**代理権消滅後の表見代理**

　代理人の代理権がなくなった後に代理人が代理行為を行った場合。

■ レシートも領収書としての位置付けになる

　手書きのものを領収書、レジなどで印字されたものをレシートと呼ぶのが一般的のようです。領収書はお金を受け取ったことを証明する書類ですので、レシートも領収書の一種といえます。

　また、領収書は税務申告に絶対に必要なものではありません。たとえば、領収書の出ない交通費や結婚式の祝儀などは、社内の支払記録

や招待状に祝儀の金額を記入したものでも大丈夫です。支払金額が証明できればよいのです。つまり、レシートでも十分領収書の代用となります。

　何を買ったのか明細が記されたレシートのほうがわかりやすく、お金の使い道が明確になるので、望ましいという考えもあります。不自然な領収書だと税務調査で疑われて、購入品や目的を細かくチェックされることもあるためです。

　ただし、レシートは領収書とは異なり宛名が書かれていないため、その購入のために支払ったことを現金出納帳などにも明示しておく必要があります。

■ 領収書の訂正例 ·······························

6 仮領収書について知っておこう

仮領収書でも印紙が必要になる

■ 仮領収書とはどのようなはたらきをするのか

　仮領収書とは、正式な領収書を発行することができない場合、もしくは支払われた金額が全額の一部であった場合などに、仮に領収したことを証明するものです。支払われた金額が全額の一部であった場合は、後に残額が支払われれば正式な領収書を発行するということを前提にしています。領収書は、その形式については特に定めがないため、名刺の裏に「仮領収書」という表題をつけて金額を受領した事実を記載しても、正式な領収書として成立します。つまり、受領の事実を証明する目的で作成されるので、仮領収書と領収書には効力の違いはないことになります。ただし、金額の一部払いについて仮領収書を発行した場合には、残額の支払いについて問題がでてきます。

　仮領収書も正式な領収書もその効力には違いはありません。しかし、もし仮領収書を受け取ることになった場合には、後になって受領についての争いやトラブルに発展することを避けるため、できるだけ早く正式な領収書の発行を受ける必要があります。税務調査対策としても仮領収書の多用は好ましくありません。したがって、できるだけ仮領収書は避け、正式な領収書を受け取ったほうがよいでしょう。

　なお、仮領収書であっても、領収書としての効力は正式な領収書と同じなので、支払った金額に応じて印紙を貼る必要があります。

■ 預かり証とは

　「仮領収書」は一部であっても確実に代金を支払ったことを証明するものです。これに対し「預かり証」は、後に返還が予定されている

246

金銭（預かり金）を受領したことを証明するものです。つまり、一時的・条件つきでお金を受け取ったことを証明する書面です。「相手方との契約が成立する見込みの時にその手付金が支払われた」場合には、仮領収書ではなく預かり証を交付します。契約が後日予定どおり締結された場合には、売主が「領収書」を相手方に交付し、先に交付した預かり証を返還してもらいます。契約が成立しなければ、相手に渡した預かり証と引き換えに預かっていた手付金を返還します。

　預かり証は、預かった物あるいは目的によって、印紙税の取扱いが異なってきます。敷金や取引保証金などを預かった場合には、売上代金以外の「金銭または有価証券の受取書」（印紙税法別表第一第17号文書）とされ、記載金額が５万円以上のものは１通につき200円の印紙を貼付することになっています。また、寄託契約に基づき受領した場合には、「金銭又は有価証券の寄託に関する契約書」（印紙税法別表第一第14号文書）とされ、１通または１冊につき200円となります。

　預かり証は、どの文書にあたるかの判断が難しいので、預かり証に印紙を貼るときには、専門家や税務署に相談するとよいでしょう。

■ 仮領収書の記載例 ……………………………………………………

```
                    仮 領 収 書        NO. _____

  川口産業株式会社　様                 令和５年10月２日

  _____
        ￥２２０，０００※              ┌─────┐
                                      │収入  印│
                                      │印紙    │
                                      └─────┘
  但：自動車代金1,100,000円（うち消費税額等100,000円。税率10％）の
      一部（うち消費税額等20,000円。税率10％）として
  上記の通り領収いたしました

                        株式会社　松山モーター （印）
                        （登録番号 TXXXXXXXXXXXXX）
                        〒○○○－○○○○
                        東京都○○区○○町○－○－○
                        tel　03－××××－××××
```

7 領収書の保存について知っておこう

トラブル予防のために領収書はなくしてはいけない

領収書はどのように保存するのか

領収書を保存しておくのにはいくつかの理由があります。まず、税金の申告書類、税務調査の際に実際に支払いが行われたことを示す証拠書類として必要になります。また、二重支払いを防止する効果もあります。さらに、支払いの対象となった購入物などが明らかになるため、権利関係を証明するのにも役立ちます。

領収書の保存方法としては、科目別（交際費、交通費、消耗品費などの別）に保存したり、月ごとに保存することが考えられます。いずれの場合でも、216ページで説明したとおりノートなどに貼付し、整理しておく必要があります（コピーをし損じた紙の裏側などを利用して貼付しておくと、その分節約にもなります）。領収書は日付順に貼付し、台紙の余白などに「各領収書の提出者（氏名など）」「各領収書についての詳細」「科目の別（科目別に貼付しない場合）」などを記載しておきます。領収書を貼付した台紙は、１枚ずつコピーをとり、後で別の領収書を貼付するなどの改ざんができないようにしておきます。

もし、各領収書に該当する請求書がある場合には、これも一緒に貼付しておくと詳細がわかり、領収書の内容が明確になります。

また、感熱紙などに印刷された領収書は、印字された文字が消えやすい特徴があります。印字の消失を防ぐために、感熱紙の領収書は二つ折り（印字部分を重ね合わせる）にして印字部分を保護しておく必要があります。まとめたノートや台紙には担当者の確認印を押印し、最低１人に閲覧を求め、その人の閲覧印を押すなどしておけば確実です。領収書を貼付したノートは、量が多い場合には段ボール箱などに

一括保管し、箱には領収書であることの記載と、年度を記しておくと一目でわかります。ただし、電子帳簿保存法に基づき、一定の管理の下で領収書をスキャナーなどでとって電子ファイルとして保存することも可能です。

整理や保存をきちんとしないといけないのはなぜか

領収書の整理や保存の方法は、実は具体的に定められているわけではありません。保管していればどのような形態でもよいのです。税務申告のための税金計算を行う前であれば、経費のみをある程度分類した状態で保存しておくのが望ましいといえます。

保存の方法についてですが、領収書を台紙に貼り付ける場合は、申告の計算を終えてから作成するべきです。さらに、きれいに並べて体裁を整える必要も特にありません。なぜなら、申告の計算を終えた後は、もうその領収書を使うことはないからです。次に必要となるのは、税務調査が入ったときということになります。ですから、袋や箱などにまとめて保管しておいて、領収書の閲覧を求められた場合には速やかに提供できるようにしておけば十分というわけです。

領収書の保存期限は、白色申告の場合5年です。青色申告の場合はもう少し長く、7年になります。年度ごとに箱や袋にまとめておき、表面に年度などを記入しておくと、期間が過ぎたものが判別できるので整理もしやすくなるといえます。

■ 領収書保存の目的 ……………………………………………………………

領収書と税務調査の関係について知っておこう

税務調査に備えて領収書などは必ず控えておく

■ 書き損じた領収書を捨ててはいけない

税務調査とは、毎年の申告が適正であるかどうかを確認するために行われる調査です。税務署員の質問などに対して回答を拒否したり（不答弁）、帳簿や領収書、請求書、納品書などの証憑書類を見せることを拒否する（検査拒否）と、罰則が科せられる可能性もあります。

そのため、税務調査に備えるという意味でも、領収書の発行や受け取った領収書の管理が大切です。税務調査の対象になった場合、すぐに見せることができるように帳簿や書類などを準備しておく必要があるでしょう。

収入を得た場合には、領収書の発行が必要です。領収書は紙面で発行する場合には通常2枚複写で連番が入ったものを使用します。市販の領収書よりも、できれば自社で作った領収書を使用することが望ましいといえます。領収書は必ず控えを残し、どこに領収書が渡ったのかを把握しておく必要があります。

また、その取引の詳細内容や金額の詳細などについて明確に残し、帳簿上での管理も徹底する必要があります。領収書を書き損じた場合であっても、これを捨ててはいけません。領収書に連番が振られているのはこのためで、番号が飛んでいる部分があれば、実際に収入があったにもかかわらずこれを計上しなかったとみなされる可能性があります。書き損じた領収書は捨てずに控えなどと共に保管しておき、不正な処理がなされたわけではないことを明確にしておく必要があります。

この他、領収書を受け取っている側に税務調査が入った場合、「反面調査」といって領収書を発行した側にも調査が入ることがあります。

反面調査とは、税務調査に入った先の個人や会社などと取引関係にある個人や会社などにも調査が及ぶことです。相互間で正しい取引が行われているのかどうかを双方の経理管理の面から調査し、不正がないかを明確にします。

領収書控えの保管と明確な帳簿の整理を常日頃から心がけておかないと、反面調査から自社全体の税務調査に広がることも考えられます。領収書の取扱いと管理には十分に注意しなければなりません。

■ 領収書がない場合の証拠の作り方

通常では領収書を発行しなければならないような取引であっても、場合によっては領収書が発行されないこともあります。たとえば、先方からの支払いが現金ではなく銀行振込などであった場合です。この場合は通帳の記載自体が領収書になります。売上げなどの管理には、そこに記載される明細としての「証拠」が必要です。証拠は領収書であったり銀行通帳だったりします。何らかの売上げが生じた際に領収

■ 領収書がない場合の代用方法 ……………………………………

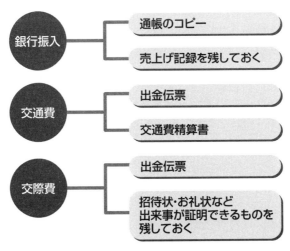

書が発行されないような銀行振込でのやりとりの場合には、銀行通帳の明細を保管しておく必要があります。可能であれば銀行通帳のコピーをとり、売上げについての詳細などを書き添えて保存しておくとよいでしょう。

■ 領収書がもらえない場合

こちらが支払った必要経費を経理上計上する場合に、その経費の内容などによって領収書をもらえないことがあります。まず電車代やバス代など、領収書の出ない交通費があります。この場合には、出金伝票や交通費精算書などを作成する必要があります。

次に交際費があります。交際費の概念は広く、接待費や冠婚葬祭に関わる費用などです。接待費の場合は、接待を行う側が通常すべてを負担するため支払先から領収書をもらうことができますが、困るのは取引先などと飲食をし、代金を折半で支払いをしたときなどです。このような場合、支払金額の半分を領収書にしてもらうことは申し出にくいものなので、出金伝票にその接待の内容の詳細を書くことで経費として計上することができます。出金伝票には、金額、日付、場所、相手などを記載します。他に交際費として冠婚葬祭に関わる費用があります。冠婚葬祭などに関わる費用には領収書は発行されません。このような場合には、結婚式の招待状や相手方から送られてくるお礼状など、出費に関わった出来事の証明となるものが代替となります。

これらのものに、出費の内容や金額など、メモ程度のものでも添えておくと、より明確な記録として残すことができます。

Q 少額の交通費など、領収書がなくても経費にできる場合があるのでしょうか。経費として認められる場合について教えてください。

A 支出を証明する証拠資料が領収書です。そのため、いかに事業に関係した支出であっても、領収書等がない支出は証明できない支出ということになってしまい、経費として認められないのが原則です。しかし、領収書が作成されない支出が存在することも事実です。たとえば取引先での慶事やご不幸があった場合の祝儀や不祝儀は、領収書が作成されることなどありません。

また、少額の交通費は領収書が作成されない、もしくは領収書をもらうのが非常に煩雑です。電車などの公共交通機関を利用して取引先との打合せに向かうといった場合に、切符を購入しても領収書は基本的に発行されませんし、最近は電子マネーを利用してスムーズに乗降するケースも多いようです。そのような場合にいちいち駅の窓口で領収書を発行してもらうことは現実的ではありません。

このような場合の支出を一切、経費として認めないというのは、事業と関係のある支出を経費として認めることと相反します。そもそも領収書とは支出の証明書のひとつに過ぎず、支出の証明（支払った金額の証明）ができれば領収書の形でなくてもよいのです。

実際、領収書は税務申告に絶対に必要なものではありません。レシートでも十分領収書の代用となります。むしろ領収書では、但書の部分に「品代」などと記載してあるだけで、その購入内容まではわからない場合がほとんどです。その点レシートであれば、飲食した内容や人数、物品の購入であれば購入した明細がわかります。支出の内容を証明する上ではレシートは優れているのです。税法上も「レシートは認めない」など、領収書でなければいけないなどの決まりはありません。不自然な領収書だと税務調査で疑われて、購入品や目的を細か

くチェックされることもあります。

　また、領収書が作成されない交通費や結婚式の祝儀などは、社内の支払記録や、招待状などに祝儀の金額を記入したものでも大丈夫です。祝儀や不祝儀の場合、それらの案内通知書のコピーを支出の根拠となる証明書として代用できます。案内通知書には実際に包んだ金額は当然記載されませんが、常識的に考えて妥当な範囲での支出であれば問題ありません。公共交通機関を利用した際の支出であれば、経路や移動の目的などを記載したフォームを自分で作成し、それを継続して運用していれば、そのフォーム自体が支出を証明する資料として代用できます。このようなフォームを使用して支出を証明するときは、日付、利用した交通機関、移動区間、移動目的（取引内容）、金額を明記し、事業に関連した支出であることを明らかにします。

　なお、飛行機やタクシーを利用して移動する際は、支出額も高額になりますので領収書をもらうようにしましょう。

●支出の証明は情報量が重要

　現在では、インターネットで注文から支払いまで終わらせる買い物も一般的です。インターネットを通じた売買では、購入の際に領収書の発行を要求しないと、購入品到着時に納品書はあっても領収書は発行されないのが通常です。この場合、わざわざ購入先から領収書を発行してもらわなくても、納品書と合わせ、注文した詳細がわかる画面を印刷したものと、インターネットバンキングで振込が完結した画面を印刷したものがあれば、支出を証明するものとして有効です。決済が振込ではなくクレジットカード払いの場合でも、カード決済された画面を印刷したものやカード会社からの利用明細をもって支出の証明とすることもできます。

　重要なのは証明の様式ではなく、支出した証拠となる資料が、支払った相手方や第三者によって作成されているなど客観性があり、その支出に関する情報が充分に存在することなのです。

【監修者紹介】

木島　康雄（きじま　やすお）

1964 年生まれ。京都大学法学部卒業。専修大学大学院修了。予備試験を経て司法試験合格。弁護士（第二東京弁護士会）、作家。過去 30 冊以上の実用書の公刊、日本経済新聞全国版でのコラム連載と取材の他、多数の雑誌等での掲載歴あり。現在、旬刊雑誌「税と経営」にて、300 回を超える連載を継続中。作家としては、ファンタジー小説「クラムの物語」（市田印刷出版）を公刊。平成 25 年、ラブコメディー「恋する好色選挙法」（日本文学館）で「いますぐしよう！作家宣言 2」大賞受賞。平成 30 年 7 月には「同級生は A V 女優」（文芸社）、令和 4 年 4 月には「認知症尊厳死」（つむぎ書房）同年 10 月には「真、桶狭間」（文芸社）を発表。

弁護士実務としては、相続、遺言、交通事故、入国管理、債権回収、債務整理、刑事事件等、幅広く手がけている。

主な監修書として、『改訂新版　図解で早わかり　賃貸借のしくみとルール』『図解で早わかり　民法【財産法】のしくみ』『図解　債権回収のしくみがわかる事典』『入門図解　契約書・印鑑・印紙税・領収書の法律知識』『すぐに役立つ　最新借地借家の法律と実務書式 87』『入門図解　最新　交通事故の法律とトラブル解決マニュアル』『入門図解　最新　告訴・告発・刑事トラブル解決マニュアル』『図解で早わかり　行政法のしくみ』（小社刊）などがある。

木島法律事務所
〒 134-0088　東京都江戸川区西葛西 6 丁目 12 番 7 号　ミル・メゾン 301
TEL：03-6808-7738　FAX：03-6808-7783

武田　守（たけだ　まもる）

1974 年生まれ。東京都出身。公認会計士・税理士。慶應義塾大学卒業後、中央青山監査法人、太陽有限責任監査法人、上場会社勤務等を経て、現在は武田公認会計士・税理士事務所代表。監査法人では金融商品取引法監査、会社法監査の他、株式上場準備会社向けの IPO コンサルティング業務、上場会社等では税金計算・申告実務に従事。会社の決算業務の流れを、監査などの会社外部の視点と、会社組織としての会社内部の視点という 2 つの側面から経験しているため、財務会計や税務に関する専門的なアドバイスだけでなく、これらを取り巻く決算体制の構築や経営管理のための実務に有用なサービスを提供している。

著作として『株式上場準備の実務』（中央経済社、共著）、『不動産税金【売買・賃貸・相続】の知識』『入門図解　消費税のしくみと申告書の書き方』『入門図解　会社の終わらせ方・譲り方【解散清算・事業承継・M ＆ A】の法律と手続き実践マニュアル』『図解で早わかり　会計の基本と実務』『個人開業・青色申告の基本と手続き　実践マニュアル』『図解で早わかり　会社の税金』『事業再編・M ＆ A【合併・会社分割・事業譲渡】の法律と手続き』『すぐに役立つ　相続登記・相続税・事業承継の法律と書式』『身内が亡くなったときの届出と法律手続き』『すぐに役立つ　空き家をめぐる法律と税金』『図解で早わかり　税金の基本と実務』『入門図解　電子帳簿保存法対応　経理の基本と実務マニュアル』『入門図解　法人税のしくみと法人税申告書の書き方』（小社刊）などがある。

事業者必携
インボイス制度、フリーランス新法対応！
小さな事業者【個人事業主・小規模企業】のための
法律と税金　実務マニュアル

2023年10月30日　第1刷発行

監修者　　木島康雄　武田守
発行者　　前田俊秀
発行所　　株式会社三修社
　　　　　〒150-0001　東京都渋谷区神宮前2-2-22
　　　　　TEL　03-3405-4511　FAX　03-3405-4522
　　　　　振替　00190-9-72758
　　　　　http://www.sanshusha.co.jp
　　　　　編集担当　北村英治
印刷所　　萩原印刷株式会社
製本所　　牧製本印刷株式会社
©2023 Y. Kijiima & M Takeda Printed in Japan
ISBN978-4-384-04926-8 C2032